미국 주식
투자 습관

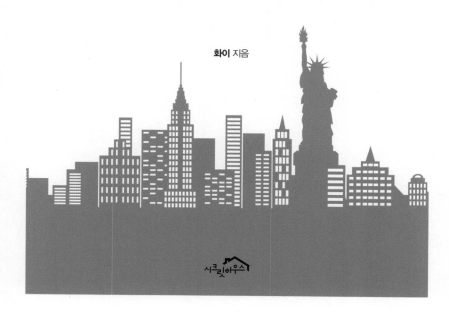

★ 퇴근 후 30분, 연봉 버는 루틴 ★

미국 주식 투자 습관

화이 지음

시크릿하우스

20대 1억 모아
30대 내 집 마련 후,
40대 경제적 자유를 준비하다

20대엔 투자를 위한 자금을 모으기 위해 학부와 대학원 시절 장학금과 아르바이트를 사수하며 적은 돈이라도 꾸준히 모았다. 입사후 월급 중 최소한의 고정 비용을 제외한 모든 금액을 모으고 굴려 5년 만에 1억 원이라는 종잣돈을 마련했다.

30대엔 서울 시내 똘똘한 집 한 채 마련을 목표로 20대에 모은 시드머니 1억을 부지런히 투자해 복리의 마법처럼 수익이 쌓이는 경험을 했다. 지속해서 투자금을 늘리는 한편 매입할 아파트를 미리 점 찍어두고, 아파트 가격 상승의 들썩임이 느껴지는 부동산 상승 초입기에 내 집 마련을 끝낼 수 있었다.

40대엔 자연스레 경제적 자유를 꿈꾸게 됐고, 그 꿈을 이루는 방법으로 미국 주식투자를 선택했다. 2018년 겨울 아마존 주식을

1주 매수하는 것으로 미국 주식투자를 시작했다. 2020년에는 코로나19의 여파로 계좌가 -40%까지 하락하는 경험도 했지만, 이젠 연봉 이상의 수익을 올리며 월급 외 탄탄한 파이프라인을 구축하게 됐다.

평범한 직장 생활을 하며 5년 만에 1억을 모으고, 내 집 마련에 성공한 후 경제적 자유까지 꿈꿀 수 있게 된 것은 타고난 재테크 능력이나 금수저 출신이었기에 가능했던 것은 아니었다. 오히려 스무 살부터 경제적 자립을 해야 하는 환경 속에서 고군분투하는 시간을 보내야 했다.

다만, 스무 살부터 시작된 투자라는 긴 여정 속에서 거창하거나 비범하진 않아도 반드시 지켜온 단 한 가지 생활 습관이 있었다. 바로 '구체적인 목표와 마감 기한을 정하고, 해야 할 일을 설정해 꾸준히 실행해 나간 것'이다.

"뭔가 하면 뭐든 된다"라는 인생 모토로 항상 하고 싶은 일이 생기면 행동으로 옮겼고, 행동을 하기 전에는 반드시 이를 효율적으로 달성하는 방법에 대해 고민하는 시간을 가졌다. 원하는 바를 얻기 위해 지금부터 무엇을 해나가야 하는지 계획을 세웠고, 잘 해내고 싶은 일을 해야 할 일로 만들어 묵묵히 실천해 갔다.

이 책은 20대에 1억을 모으고, 30대에 내 집을 마련한 후 40대에 주식으로 제2의 월급을 만들기까지 실천했던 다양한 노하우들을 담았다. 특히 40대에 미국 주식투자에 입문해 어떤 투자 습관을 만들고, 유지했는지 소개한다. 그리고 투자 아이디어 발굴부터 매매까지의 실전 투자 전략을 안내하며, 이러한 전략을 활용한 구체적인 투자 사례도 담았다.

이 책을 읽는 분들도 차근차근 자신만의 투자 습관을 형성하고, 이를 실천하며 목표한 바를 이루어내길 바란다. 그리고 이 책이 같은 목적지를 향해 가는 이들에게 좋은 안내서이자 길동무가 되어주길 희망한다.

생계를 책임지셔야 했던 힘든 환경 속에서도 아낌없는 사랑을 베풀어주신 어머니께 존경을 표한다. 목표를 향해 밀고 나가는 근성은 어릴 적부터 보아온 부모님의 생활 습관 덕분이었기에 감사한 마음뿐이다. 좋은 친구로 평생의 동반자가 되어준 남편과 사랑하는 가족 모두에게 고마움을 전한다.

2022년, 초봄
화이

LEVEL 02 투자 습관 만들기

나만의 투자 습관 완성하기
- 미국 주식 실전 매매 사례

투자
습관의
탄생

1억 모으기와 내 집 마련, 경제적 자유 준비라는 목표를 달성하기 위해 어떤 투자 습관을 기르고 유지해 왔는지 과정과 노하우를 안내한다.

★★★★★

20대, 1억을 모으다

스무 살부터 자립하라던 아버지

고등학생 시절 아버지께선 매일 아침 신문 사설을 오려 주시며 등 굣길에 읽게 하셨다. 하루는 사설이 아닌 사회면 기사 하나를 보여 주셨는데, 자녀 1명당 출생부터 고등학교 졸업까지 총 양육비의 규 모와 가계 부담에 관한 내용이었다.

기사를 다 읽고 나자 아버지께선 한 명도 아니고 3남매를 키우니 사실상 3배의 양육비가 든다고 하시며, 고등학교 졸업 때까지는 아 버지가 최선을 다해 지원할 테지만, 스무 살부터는 성인이니 부모 에게서 독립해야 한다고 말씀하셨다. 그리고 진정한 독립이란 경제 적 자립에서 시작된다는 말씀을 여러 차례 강조하셨다.

평소 다정하셨던 아버지의 단호한 선언에 "경제적으로 자립해야 진정한 성인이다"라는 말은 뇌리에 남았고, 반드시 실천해야 하는 아버지와의 약속처럼 느껴졌다.

수능시험을 마치고, 대학 입학을 앞둔 고등학교 3학년 겨울방학부터 고등학생 수학 과외를 시작했다. 약속을 지켜야 한다고 생각했다. 한편으론 부모님께 손 벌리지 않으면 내가 무엇을 하든 뭐라 못 하실 거란 의기양양했던 마음도 있었다. 경제적 자립을 위해 대학 학비, 교통비, 통신비 등과 같은 매달 사용하는 고정비와 그 외에 식비, 용돈과 같은 부대비용을 계산해 예산을 짰다. 가장 큰 지출인 학비는 장학금을 받아 해결하는 방법을 찾았고, 다른 비용은 아르바이트를 해서 번 돈으로 충분히 감당할 수 있을 거라고 생각했다.

하지만 아버지께서 갑자기 돌아가신 후 경제적 자립은 단순 약속이 아닌 꼭 이뤄야 할 필수 과제가 됐고, 학부와 대학원 시절 내내 장학금과 아르바이트를 사수해야 했다. 그러기 위해선 시간 관리가 필수였기에 매일 밤 습관처럼 해야 할 일을 우선순위로 정리했다. 우선순위는 다시 내일 꼭 해야 할 일, 하루 정도 미뤄도 될 일, 한주 안에 하면 될 일 등으로 세분화해 계획을 세웠다. 학업과 아르바이트 병행이 가능하도록 일정을 짰고, 아르바이트에서 발생하는 고정 수입을 효율적으로 관리하는 방법을 모색하기 시작했다.

▋ 자립을 위한 첫걸음, 내 돈의 흐름 파악하기

자립을 위해 가장 먼저 해야 할 일은 매달 얼마를 벌고, 얼마를 쓰는지 자금의 흐름을 정확히 파악하는 것이다. 그래야 줄일 수 있는 비용은 줄여 지출을 최소화하고, 모을 수 있는 돈은 최대한 모아 투자를 시작할 수 있는 시드머니를 마련할 수 있기 때문이다.

_____ 얼마가 들어와 어디로 나가는가?

스무 살 당시 고등학생 과외로 매달 일정한 수입이 발생했고, 소비 패턴을 파악하기 위해 매월 사용한 영수증을 모아 엑셀 파일에 19쪽 표와 같이 정리했다. 매달 발생하는 고정비와 유동적으로 사용하는 변동비의 종류와 금액을 파악하면서 한 달간 사용할 지출 규모를 확정했다.

고정비를 최소화하고, 매달 사용할 지출의 총 규모를 정해둔 뒤 수입에서 이를 제외한 금액은 향후 투자를 위한 자금으로 모두 저축했다. 이번 달 수입 및 지출 표를 정리하면서 어느 항목에서 증감이 발생했는지 확인하고, 그 원인을 파악해 소비 습관을 개선하며 작지만 소중한 여윳돈을 마련할 수 있었다.

부모님 댁에 함께 거주할 수 있어 고정비 중 관리비와 월세 등과

수입	○○○원			
지출	고정비		변동비	
항목	휴대전화 요금		식대	
	대중교통비		식료품/생활용품	
	보험료		여가생활비	
	인터넷		쇼핑	
	관리비		병원/약국	
	월세		기타	
총지출	고정비 총액	○○○원	변동비 총액	○○○원

같은 주거 관련 지출은 절약할 수 있었다. 대신 또래보다 일찍 매달 보험료를 납부해야 했다. 대학 입학 후 어머니께선 보험증서를 주시며, 꼭 필요한 것이라 가입해뒀으니 비용은 직접 부담하라고 하셨다. 보험료까지 해결해주셨으면 하는 바람도 있었지만, 일찌감치 가입한 덕분에 병원비로 목돈이 들어가는 일은 막을 수 있었다.

고정비는 줄이고, 새는 돈은 막고

고정비는 말 그대로 매달 발생하는 필수 비용이지만, 가능하면 최대한 줄이는 방법을 찾아야 했다. 고정비를 줄이기 위해 ①청구 내역 꼼꼼히 확인하기, ②세부 내역 중 불필요한 비용 줄이기, ③각종 할인 혜택 적용하기(신용카드, 결합상품 등)를 생활 습관화했다.

휴대전화 요금은 통신사 홈페이지에서 저렴하고 효율적인 요금

제를 선택해 비용을 낮췄고, 소비 유형별 할인을 최대한 받을 수 있도록 최적화된 신용카드를 사용하는 등 매달 발생하는 고정비를 최저로 구성하는 습관을 길렀다.

새는 돈을 막기 위해선 지출 총액을 정해두는 것이 필요하다. 지출의 규모가 정해져 있으면 이를 초과하는 충동구매나 불필요한 소비를 줄일 수 있고, 예산에 맞춰 소비하는 습관을 기를 수 있다. 수입의 얼마까지를 지출할지는 스스로 정해야 하는데, 매달 꾸준히 지출액을 정리하고 줄일 수 있는 비용은 없었는지 확인하며 지출의 평균치를 정한다.

목적은 시드머니 마련

시드머니를 빨리 모으는 것이야말로 투자의 첫 단계라고 생각했다. 지출 규모를 줄이고, 소비 총액을 일정하게 유지해 매달 꾸준히 저금하며 더 많은 투자 자금을 모으는 것에 집중했다. 대학교 1학년 때 학교 근처 은행들을 방문하며 적금 이율을 비교해 가장 금리가 높은 곳을 찾아 생애 첫 적금 계좌를 개설했다. 은행에서 적금통장을 품고 나오면서 느꼈던 뿌듯함과 든든함은 아직도 생생하다. 그렇게 열심히 저축하면 대학을 졸업할 때쯤 어느 정도 목돈이 모일 것이라고 생각했지만, 석사 학위를 마치고 사회생활을 시작하기 전까진 큰돈을 모을 수 없었다.

당시 부모님께서 새 아파트를 분양받으셨는데, 아버지의 갑작스러운 사고 후 어머니 홀로 중도금을 감당해야 하는 상황이 됐다. 다행히 여윳돈이 있던 내 예금 통장을 대출이자 납부 계좌로 연결해 도움을 드릴 수 있었다. 통장 잔고를 확인하며 다달이 이체되는 대출이자가 조금씩 달라지는 것을 파악해 대출의 고정금리와 변동금리가 있음을 알게 됐다. 또한, 월 상환금이 납부원금과 대출이자로 구분되는 것을 보면서 대출 상환 방식에 원금과 이자를 합쳐 균등하게 갚는 원리금 균등상환과 원금만 균등하게 상환하는 원금 균등상환 방식이 있다는 것을 이해하게 됐다.

▌ 20대에 원하는 바를 이루려면

_____ 목표 구체화하기

졸업 후 20대 중반 사회생활을 시작하면서 고정 수입이 늘어났고, 경제적인 안정을 이루고자 하는 마음도 강해졌다. 내게 경제적 안정이란 '갑작스러운 사건이나 일시적인 어려움에도 견딜 수 있는 최소한의 금융 안전망'을 만드는 것이었다.

막연해 보일 수 있는 꿈을 이루기 위해선 목표를 구체화, 세분화시키는 과정이 필요하다. 부자가 되고 싶다 등과 같은 모호한 목표보다는 경제적 안정을 이루기 위해 필요한 것이 무엇인지 파악하

고, 언제까지라는 기한을 정해 수치화된 가시적 목표를 설정해야
한다.

경제적 안정을 위한 투자 목돈을 마련하기 위해 기한은 20대로
한정했고, 구체적 수치로 1억 모으기를 정했다. 그리고 1억을 모으
기 위해선 꾸준한 현금 흐름이 필요하기에 안정적인 직장에 입사하
는 것 또한 20대에 달성할 목표로 설정했다.

■—— 20대에 이루고 싶은 목표 구체화

이루고 싶은 것	필요한 것	목표 수치 및 기한
경제적 안정	미래를 위한 투자 목돈 마련	20대에 1억 모으기
	꾸준한 근로소득	20대에 안정적인 직장 입사

기간별 실천 계획 마련하기

구체적인 목표를 정한 후에는 이를 달성하기 위한 기간별 실천 계
획을 마련해야 한다. 마감 기한에 맞춰 5년, 1년, 1개월, 하루 등의
단위로 기간을 세분화해 실천 계획을 세우면 당장 오늘부터 해야
할 일이 생긴다. 그리고 오늘 한 일들이 쌓여 1개월, 1년 뒤 정해진
목표에 근접해 갈 수 있다.

20대의 남은 시간은 5년이었고, 5년 동안 1억을 만들기 위해 1년
간 2,000만 원을 모아야 하며, 이를 위해선 월평균 166만 원가량은

5년간 목표액	연간 목표액	월간 목표액
1억 원	2,000만 원	약 166만 원

모아야 한다는 계산이 나왔다.

직장 생활을 하다 보면 '언젠가 1억 원을 모을 수 있다'가 아니라, 최소 월 166만 원씩 차곡차곡 쌓아가고 있는지 확인해야 하며, 연간 2,000만 원씩 5년을 모아야 진짜 1억 마련이라는 목표를 달성할 수 있다. 이렇게 기간을 세분화해 정리하면 비로소 목표는 도달 가능한 실천 계획이 된다.

효율적 달성 방법을 모색하다

월 166만 원씩 모을 수 있는 가장 효율적인 방법을 찾는다면 목표를 더 쉽게 달성할 수 있다. 이를 위해선 매달 모을 수 있는 원금을 최대한 끌어 올리고, 이를 잘 불릴 방법을 찾아야 한다.

• 투자원금 확보 최대화

한 달 월급 중 고정 지출을 최소화하고, 월별 지출 총 규모를 설정했다. 그리고 월급 중 이를 제외한 금액을 1억 모으기를 위한 투자 원금으로 확보했다.

• 고정 수입 늘리기

매달 모을 수 있는 원금을 최대한 끌어 올리는 방법으로 지출을 최소화할 수도 있지만, 수입 자체를 늘리는 방법도 있다.

직장에 입사한 후에도 월급 외 수입을 마련하기 위해 주말이면 고등학생 과외를 했다. 오랜 기간 해오던 일이라 어렵지 않으리라고 생각했다. 하지만 야근이 지속되면서 피로가 누적됐고, 몸소 극한 체험을 경험한 몇 달 뒤 과외를 그만뒀다.

수입을 늘리기 위해 또 다른 노동을 하는 것이 아니라 지금 하는 일에 집중해 근로소득을 극대화하는 것이 더 현명한 방법임을 깨달았다. 따라서 연봉을 높여 근로 조건이 더 좋은 회사로 이직하기 위해 커리어 관리에 몰두했다.

• 예·적금으로 모으기

돈을 모으기 위해 먼저 시작했던 것은 '적금'이었다. 가장 쉽게 접근할 수 있었던 방법으로 비록 큰 수익이 나지는 않았지만, 꾸준히 돈을 모으는 습관을 기를 수 있었다. 더 높은 금리를 적용해주는 금융상품을 찾기 위해 금리 비교 사이트들을 자주 활용했고, 기본 금리가 가장 높고 여기에 우대 금리까지 더할 수 있는지 확

인하며 적금에 가입했다.

높은 금리를 찾기 위해 2%대의 제1금융권보단 5%대의 금리를 제공하는 제2금융권에 적금 계좌를 만들었다. 그러던 중 가입해 둔 저축은행의 갑작스러운 영업정지로 예금거래가 중단되는 일을 겪기도 했다. 당시 총액이 저축은행 예금보호 한도인 5,000만 원 미만이었기에 원금은 보존할 수 있었지만, 실제 돈을 상환받기 전까지 하루도 마음이 편하지 않았다.

● 펀드로 굴리기

적금으로 목돈이 모이면서 자주 가는 주거래 은행을 찾아 투자 상품을 문의했고, 여러 펀드를 추천받았다. 예·적금과 달리 원금이 보장되지 않는 펀드에 아무런 사전지식 없이 덜컥 가입했다가 낭패를 보고 싶진 않았기에 펀드 상품 설명서를 보며 내용을 이해했다.

펀드는 일종의 주식들을 모아놓은 상품으로 펀드를 구성하는 주식과 채권의 비중에 따라 주식형, 채권형, 혼합형으로 구분되어 있었다. 세세한 내용보다는 언제 주식형 펀드에 투자하고, 어떤 상황에선 채권형 펀드에 투자하는 것이 나은지 파악했다.

주식형은 말 그대로 주가가 상승할 때 좋은 수익을 올릴 수 있고, 채권형은 경기가 불황일 때 비교적 안정적인 수익을 기대할 수 있었다. 당시 뉴스엔 코스피KOSPI 상승 소식이 자주 들렸기에 주식형 펀드 중 삼성전자와 같이 익숙한 대기업의 비중이 높은 펀드에 가입했다.

처음엔 매월 일정 금액을 자동 납부하는 방식으로 투자했다. 이후 펀드 기준가가 주가에 따라 매일 조금씩 변하며, 특히 글로벌 이슈나 국내 상황에 따라 크게 빠지기도 한다는 것을 알게됐다. 그러니 매달 자동 납부하는 것보다는 주가가 많이 하락하는 날 더 저렴하게 매수하는 것이 이득이었다. 따라서 자동납부를 중단하고, 현금을 쌓아둔 후 종종 발생하는 돌발 뉴스에 하락이 발생하면 모아둔 현금으로 펀드를 매수했다.

당시 매수 근거로 자주 활용했던 재료는 북한의 미사일 발사와 같은 한반도 특정 이슈였다. 북한 관련 돌발 뉴스가 나오면 가입했던 펀드가 크게 하락하곤 했지만, 전쟁 발발 가능성은 낮기에 펀드는 곧 회복되었다. 이 같은 일시적인 악재에 매수하는 방법은 이후 주식투자에도 그대로 적용했다. 가격이 쌀 때 더 많이 산다는 간단한 논리였지만, 우량한 기업의 주가가 기업의 펀더멘털과 관련 없는 단기적 이슈로 크게 하락했을 때는 매수 기회라는 것을 이해할 수 있었다.

• CMA에 현금 파킹하기

현금을 예금 통장에 그대로 두면 이자가 거의 발생하지 않기에, 특정 목적으로 사용되기 전 잠깐씩 보유하고 있는 현금은 CMA 계좌에 넣었다. CMA는 수시 입출금이 가능한 금융상품으로 하루만 넣어도 이자가 발생하고, 이율도 은행보다 높다. 따라서 주로 일시적인 여유자금이나 대기 중인 투자 자금 등은 CMA에 넣어 활용했다.

목표를 선언하기

목표를 구체화해 실천 계획을 짜고, 효율적 달성 방법까지 모색했지만 이를 실행하지 않으면 아무런 의미가 없다. 지치지 않고 목표 달성을 위한 노력을 지속하기 위해선 스스로 동기를 부여하는 것이 필요했다. 가족과 친구, 지인들에게 무엇을 이루고자 하는지 얘기를 했고, 목표를 책상 위 잘 보이는 곳에 적어 붙여놓거나 휴대전화 바탕화면에 저장해 의지를 되새겼다. "서른까진 무조건 1억을 모을 거야"라고 입버릇처럼 말하며, 나와의 약속을 지키기 위해, 나를 응원해 주는 사람들을 실망시키지 않기 위해 더 열심히 몰입했다.

계획을 실천하면서 한 달 단위로 월간 목표액을 달성했는지 확인하고, 과정을 점검하는 시간을 가졌다. 정해진 기간 동안 실제 계획한 금액보다 더 많은 돈을 모았다면 보상으로 대학 시절 자주 하지 못했던 여행을 떠났다. 반면 생각만큼 달성하는 것이 쉽지 않았다면 기간을 좀 더 늘려야 할지 아니면 방법이 잘못된 것은 아닌지 고민했다. 너무 과하지도, 느슨하지도 않도록 실천 가능한 수준으로 지속해서 계획을 수정해 나갔다.

▌ 1억을 모아 새로운 직장에 입사하다

한 달 동안 정해둔 계획을 실천하는 것이 12회가 반복되면서 1년 내 이뤄야 할 목표를 달성하게 됐고, 이러한 습관을 꾸준히 유지해 20대에 1억을 모을 수 있었다.

1억 모으기의 과정을 자가진단 형식으로 29쪽 표와 같이 간략히 정리해 보았다. 각 질문에 답을 적고, 이를 실천해나간다면 누구나 목표한 바를 달성할 수 있을 것이다.

보다 적극적인 투자 방법을 선택했다면 좀 더 빠르게 1억 모으기를 달성했을 수도 있다. 하지만 20대에 안정적인 현금 흐름을 만들기 위해선 내 가치를 높여 노동 수익을 최대한 끌어올리는 것이 우

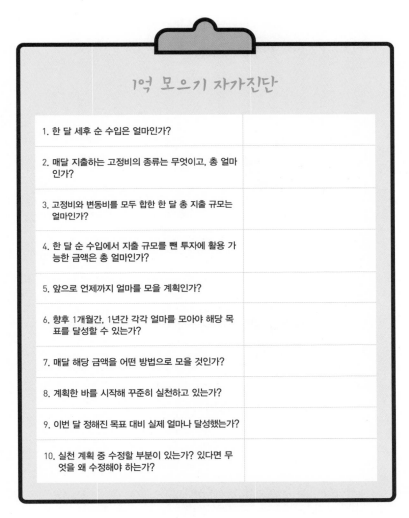

1억 모으기 자가진단

1. 한 달 세후 순 수입은 얼마인가?	
2. 매달 지출하는 고정비의 종류는 무엇이고, 총 얼마인가?	
3. 고정비와 변동비를 모두 합한 한 달 총 지출 규모는 얼마인가?	
4. 한 달 순 수입에서 지출 규모를 뺀 투자에 활용 가능한 금액은 총 얼마인가?	
5. 앞으로 언제까지 얼마를 모을 계획인가?	
6. 향후 1개월간, 1년간 각각 얼마를 모아야 해당 목표를 달성할 수 있는가?	
7. 매달 해당 금액을 어떤 방법으로 모을 것인가?	
8. 계획한 바를 시작해 꾸준히 실천하고 있는가?	
9. 이번 달 정해진 목표 대비 실제 얼마나 달성했는가?	
10. 실천 계획 중 수정할 부분이 있는가? 있다면 무엇을 왜 수정해야 하는가?	

선 되어야 한다고 생각했다. 따라서 자격증 취득과 업무 역량을 키우는 데 매진한 한편 근로소득을 불리는 투자 방법으론 비교적 쉽게 이해할 수 있는 방식에 집중했다. 투자 방법은 다양하지만 중요

한 것은 어떻게 돈을 벌 수 있는지 기본 개념을 정확히 이해해야 마음 편한 투자가 가능했기 때문이다.

주말 없이 매일 출근을 해야 하는 콘텐츠 개발업체의 PM으로 첫 직장 생활을 시작해 막차를 타고 퇴근하는 날들이 잦았다. 힘들지만 일단 입사한 이상 경력을 쌓고, 경쟁력을 키워야 더 좋은 직장으로 이직할 수 있다고 믿으며 최선을 다했다. 회사 생활이 힘들수록 더 부지런히 구직활동을 했고, 프로젝트가 끝날 때마다 이력서를 업데이트해 구인 관련 사이트에 업로드했다. 관심 있는 기업의 채용공고가 올라오길 기다리며 해당 기업의 신규 주력사업을 지속해서 모니터링했고, 내가 인정받을 수 있고 잘 해낼 수 있는 업무를 찾는데 많은 시간을 투입했다.

졸업 후 5년 동안 총 4번의 이직 후 서른 살이 되어 원하던 회사에 입사하게 됐고, 통장엔 목돈 1억 원이 모여 있었다. 20대에 1억 모으기와 안정적인 직장 입사라는 이루고자 하는 바를 달성했으니 이제 더 큰 목표를 세우고 싶어졌다.

투자
습관
원칙
1

무언가 이루고 싶다면 먼저 목표부터 설정해야 한다.

손에 잡힐 듯 구체적이고 뚜렷한 투자의 목표를 세우자.

그리고 목표를 이루기 위해 해야 할 일들을 결정한다.

목표가 명확할수록 해야 할 일도 자세히 계획할 수 있다.

목표와 해야 할 일을 모두 정했다면 이제 실천하는 일만 남았다.

30대, 집을 사다

▤ 주거 독립, 내 집 마련의 꿈

경제적 자립을 위해 직장에 입사해 꾸준한 근로소득을 만들었고, 1억이라는 시드머니도 마련했으니 이제 주거 독립을 해야 할 때라 생각했다. 부모님 집에 계속 얹혀살 순 없을뿐더러 주거의 안정성이 얼마나 중요한지는 경험을 통해 익히 알고 있었기 때문이다.

20대에 겪었던 여러 돌발사건 중 하나는 화재 사고였다. 당시 집에 큰불이 났고, 부엌에서 시작된 불은 천장을 타고 온 집안으로 퍼졌다. 베란다 새시에 금이 가 터지면서 이웃 주민의 신고로 화재 진압이 시작됐다. 수업을 마치고 학교에서 돌아와 뜯어져 나간 대문과 현관 바닥에 고인 물을 보고 망연자실했었다. 아침이면 엉망이 된 집을 치우며 쓸 만한 것들을 골라 나왔고, 저녁이면 지인분이 제공해주신 숙소에서 물건들을 씻고 말리기를 반복했다. 공사 후 2개월 만에 집으로 다시 돌아가던 날, 아무것도 없는 거실 바닥에 매트를 깔고 잤지만 그래도 집으로 돌아왔다는 안도감에 눈물이 터져 나왔다. 우리 집이라는 공간이 주는 안락함은 말로 다 표현할 수 없었다. 잦은 이사와 화재 사고까지 겪으면서 의식주 중 집이 가장 비싸지만 먹고 입는 것보다 우선시 되어야 함을 그렇게 깨달았다.

집은 삶의 터전이자 자산 증식을 위한 재테크 수단으로서도 중요했다. 집값이 오르면 경제적 이득을 얻을 수 있고, 집값이 떨어진다 한들 실 거주를 하면 되기에 목돈을 넣어두고 느긋이 기다릴 수 있는 마음 편한 투자처라고 생각했다.

다만 막연히 집을 사고 싶다고만 생각했지, 30년을 부모님과 함께 살아왔던 터라 당장 무엇부터 시작해야 할지 몰라 막막했다. 집은 꽤 큰돈이 들어가는 자산이기에 투자 실패 시의 리스크에 대한 부담이 컸다. 따라서 평상시 부동산에 대한 기본 지식을 쌓으며, 집을 선택할 수 있는 안목을 기르는 것이 필요했다.

▌ 내 집 마련 목표를 구체화하다

내 집 마련이라는 목표를 달성하기 위해 구체적인 실천 계획을 세웠다. 먼저 불확실한 시장에선 똘똘한 한 채가 답이라 판단해 '서울'로 매수 지역을 한정했고, 목표 달성 기한은 30대로 정했다.

하지만 서울에 살아본 적이 없어서 서울 시내 어디를 선택해야 할지 감이 오지 않았고, 부동산에 대한 지식도 전무한 상태라 공부가 시급했다. 또한, 아파트를 매수하기 위해선 지금까지 모은 시드 머니를 더 큰 목돈으로 만들어낼 방법을 찾아야 했다.

■······ 30대에 이루고 싶은 목표 구체화

이루고 싶은 것	필요한 것	목표 수치 및 기한
내 집 마련	더 큰 목돈 만들기	연평균 10% 수익 내기
	부동산 선별 역량	30대 서울 시내 아파트 구매

근로소득을 높이고, 예·적금과 펀드를 하며 20대에 1억 원을 열심히 모았지만, 매년 꾸준한 수익을 내는 것은 또 다른 차원이었다. 그간 아끼고 줄여 종잣돈을 마련했다면 이제 정말 '투자'라는 것을 해야 했다.

2008년 서브프라임 금융위기가 휩쓸고 간 이후 코스피 지수가 반토막 나는 것을 경험했던 터라 수익을 안정적으로 확보하는 것이 중요했다. 보수적으로 연간 10%의 수익을 올린다면 얼마를 모을 수 있을지 다음과 같이 구체적으로 계산해 보았다. 35쪽 표는 2010년 당시 1억의 목돈과 월급 200만 원씩을 모아 연간 10% 수익을 내면 대략 5년 후 얼마를 모을 수 있을지 계산해본 결과다.

목돈 1억 원은 연 10% 수익 시 1년 뒤 1억 1,000만 원이 되고, 1억

■······ 1억 및 월급에 대한 연평균 10% 수익 시 예상 금액

구분	현재	연간 10% 수익				5년 후
	100.0 →	110.0 →	121.0 →	133.1 →	146.4 →	161.1
1년 후(월 200만 원 적립)	24.0 →	26.4 →	29.0 →	31.9 →		35.1
2년 후 (월 205만 원 적립)		24.6 →	27.1 →	29.8 →		32.7
3년 후 (월 210만 원 적립)			25.2 →	27.7 →		30.5
4년 후 (월 215만 원 적립)				25.8 →		28.4
5년 후 (월 220만 원 적립)						26.4
총액						314.2

(단위: 백만 원)

1,000만 원은 다시 1년 뒤 10% 수익으로 1억 2,100만 원이 된다. 이처럼 복리로 10%씩 꾸준히 수익을 낸다면 1억은 5년 뒤 1억 6,110만 원이 된다.

매월 근로소득 중 200만 원씩을 모으면 1년간 총 2,400만 원의 목돈이 적립되며, 다음 해부터 매년 10% 수익 시 5년 뒤 3,510만 원이 된다. 첫해 근로소득 중 월 200만 원을 모았다면 매년 그 금액을 약 2%인 5만 원씩 상향해 다음 해는 월 205만 원, 그다음 해는 210만 원씩 월급 중 모아가는 금액도 늘려나간다. 매해 적립한 근로소득도 연 10% 수익을 낸다면 5년 뒤 총 3억 1,420만 원을 모을 수 있다는 계산이 나왔다.

이를 기준으로 월급 중 최소 200만 원, 연간 2,400만 원 이상 모은다는 원칙을 세우고, 목돈과 월급을 모두 굴려 연평균 10% 이상의 수익을 올린다는 세부 계획을 마련했다. 그리고 이를 달성하기 위해선 연 10% 이상 수익을 올릴 수 있는 투자 방법을 찾아야 했다.

▌ ELS 투자로 더 큰 목돈 만들기

2010년 당시 재테크 상품으로 큰 인기를 끈 것은 ELS Equity Linked Security였다. 2~3% 수준의 금리 대비 8~10%의 수익률을 보장한다는 ELS 상품은 대안을 찾는 개인투자자들에게 매력적인 상품이었다. 힘들게 모은 돈이니 잃으면 안 된다는 생각에 충분히 이해한 곳에 투자하고 싶었고, ELS는 가장 이해하기 쉬웠던 투자처였다.

_____ ELS의 이해

ELS는 주가 변화와 연동되는 상품이다. 기초자산으로 설정한 주가지수가 일정 범위 이하로 떨어지지 않으면 수익률을 보장하는 구조다. 만기는 보통 3년이지만 6개월 간격으로 평가가 이뤄지며, 주가지수가 기준 범위 내에 있으면 원금과 수익금을 조기 상환 받을 수 있다. 다만 지수가 일정 범위 이하로 하락해 원금 손실 구간 Knock-In에 들어서면 손해를 피하기 어렵다.

처음 투자했던 ELS는 코스피200 KOSPI200과 미국의 S&P500지수로 구성됐고, 두 지수 모두 최초 기준가의 50% 이하로 떨어지지 않으면 연 8.8%의 수익을 제공하는 3년 만기 상품이었다. 매수 6개월 뒤 코스피200과 S&P500지수가 모두 최초 기준가의 95% 이상이면 6개월분 이자인 4.4%의 수익과 원금이 조기 상환 되며, 이때 상환을 못 받더라도 6개월마다 정해진 조건을 만족할 시 투자 수익률과 함께 원금을 돌려받을 수 있었다.

■─── ELS 상환 조건 예

회차	평가일	조기상환 요건	투자 수익률	
①	6개월 뒤	기초자산 모두 최초 기준가의 95% 이상 시	4.4%	연 8.8% 수준
②	1년 뒤	90% 이상 시	8.8%	
③	1년 6개월 뒤	85% 이상 시	13.2%	
④	2년 뒤	85% 이상 시	17.6%	
⑤	2년 6개월 뒤	80% 이상 시	22.0%	
⑥	3년 뒤	75% 이상 시	26.4%	

다만, 만기 기간인 3년 내 둘 중 한 지수라도 최초 기준가의 50% 이하로 하락한 이력이 있고, 3년 만기 시 상환 요건인 75% 수준을 회복하지 못한다면 지수의 하락률만큼 손실이 발생한다.

증권사 담당자는 원금 손실이 발생하려면 코스피 지수가 절반 이상 빠져야 하는데, IMF가 다시 오지 않는 이상 이 수준까지 하락할 일은 절대 없다고 단언했다. 하지만 ELS 설명서에 '최대손실률 -100%'로 명시되어 있었고, 2008년에도 코스피가 반 토막 나는 것을 봤기에 그 말을 곧이곧대로 믿긴 어려웠다. 따라서 투자 전 손실이 발생할 확률을 최대한 낮추려면 어떻게 해야 할지 나만의 기준을 설정했다.

_____ 투자 손실을 피할 수 있는 기준 설정하기

원금 손실이 발생하지 않기 위해 ELS 선택 시 다음과 같은 조건들을 유념했다.

첫째, 지수형과 종목형 중 지수형 ELS에만 투자했다. ELS의 종류에는 기초자산을 S&P500, 코스피200 등과 같은 주요 지수로 구성한 지수형과 현대중공업, KB금융 등 개별 주식으로 구성한 종목형이 있었다. 종목형 ELS의 수익률은 지수형보다 높았지만, 개별 기업의 악재와 호재에 따라 변동성이 커 그만큼 손실 위험도 크다고 판단했다. 따라서 개별 종목 대비 변동 폭이 상대적으로 적은 지수형 ELS 상품에만 투자했다.

둘째, 지수형 ELS 중 기초자산으로 S&P500이 포함된 상품을 최우선으로 선택했다. 미국 S&P500, 한국 코스피200, 유럽 유로스톡스50 EUROSTOXX50, 일본 니케이225 NIKKEI225, 홍콩H지수 등 다양한 지수의 조합들로 기초자산이 구성되는데, 이중 전 세계 1등 미국의 대표 지수인 S&P500이 가장 안전하다고 판단했기 때문이다.

셋째, 기초자산은 복잡하지 않게 단 2개의 지수만으로 구성된 상품만 선별했다. 조기 상환 및 만기 상환을 위해선 구성된 지수 모두 최초 기준가 대비 특정 기준을 충족해야 하며, 어느 하나라도 조건을 충족하지 못하면 조기 상환이 되지 않거나 손실이 발생할 수 있었다. 따라서 구성 지수가 많아질수록 더 불리해질 수밖에 없다고 판단했다.

마지막으로 지수가 크게 상승한 시점보다는 평소보다 하락한 시기에 매수했다. 매수 시점의 지수가 낮을수록 조금만 반등해도 조기 상환 요건을 충족시키기 수월하기 때문이었다.

직접 투자하며 장단점을 파악하다

투자를 직접 해보면서 매수 기준을 좀 더 자세히 설정해나갈 수 있었고, 투자처로서의 장단점을 이해할 수 있었다.

ELS의 가장 큰 장점은 매우 심플한 구조의 상품이라는 것이다. 기초자산이 되는 주가지수가 정해진 기간 내 지정된 범위에서 움직여주면 수익이 날 수 있어 지수가 일정한 폭에서만 등락을 거듭하는 박스권에 있을 시 강점을 나타냈다.

처음에는 1억 원을 삼등분 해 몇 달 간격으로 ELS 상품을 골라서 투자했고, 이후 월급을 6개월 간격으로 모아 투자하며 쉴 새 없이 목돈을 굴렸다. 이후 몇 년간 투자한 상품 모두 6개월, 길어도 1년 이내 조기 상환됐고, 매년 목표한 수익을 꾸준히 낼 수 있었다.

하지만 장점이 확실한 만큼 단점도 뚜렷했는데, 단 한 번이라도 지수에 큰 폭의 변화가 생겼을 시 대응이 어렵다는 것이었다.

'설마 지수가 –50%씩이나 떨어지겠어?'라고 생각했던 나도 믿는 도끼에 발등 찍힌 경험을 했다. 2014년부터 기초자산으로 홍콩H지수를 편입한 ELS 상품이 급증했다. 나 또한 홍콩H지수를 기초자산으로 구성한 상품 2곳에 6개월 간격으로 투자했다.

2015년 5월까지만 해도 연중 최고점인 15,000선에 근접했던 홍콩H지수는 2016년 2월 초 7,500선까지 폭락했고, 투자 상품은 손실 발생 구간으로 들어섰다. 단기간 내 급락했기에 조기 상환은 고사하고, 3년 만기까지 홍콩H지수가 11,000선을 회복해야만 원금 손실을 피할 수 있었다. 당장 환매를 하게 되면 지수가 하락한 만큼의 손해와 환매 수수료까지 부담해야 했다. 이러지도 저러지도 못하는 상황에서 내가 할 수 있는 유일한 일은 '제발 3년 만기 전까지 홍콩H지수가 11,000선만 회복하도록 온 우주가 도움을 주십시오!'라고 기도하는 것뿐이었다. 천운이 도와 만기에 지수가 간신히 회복되며 3년간의 투자 수익과 원금을 모두 회수할 수 있었지만, 지수를 매일 확인하며 적지 않은 스트레스를 받았다. 또한, 3년 만기까지 비자발적 장기투자에 돌입하면서 돈이 묶여 다른 투자도 할 수 없었다.

중요한 것은 '나만의 원칙'

월급과 1억 원의 목돈을 동시에 굴리면서 가장 중요하게 생각한 것은 내가 충분히 이해한 곳에 투자해야 한다는 것, 그리고 투자에서 잃지 않기 위해선 스스로 기준을 세워 실천해야 한다는 것이었다.

ELS가 완벽한 투자처였다고 단언할 순 없지만, 초보 투자자에겐 이해하기 쉬운 재테크 수단이었다. 또한, 나만의 원칙을 세워둔 덕분에 원금 손실 없이 몇 년간 목표한 수익을 내며 아파트 매수를 위한 자금을 확보할 수 있었다. 더불어 안정적으로 상승하는 미국 지수들을 관찰하면서 수동적인 투자 상품이 아닌 좀 더 적극적인 방식으로 투자를 해보고 싶다는 자신감을 얻었다.

부동산 공부와 아파트 구매

ELS 투자로 더 큰 목돈을 만들어나가는 한편, 주거 독립을 위해 부동산 공부를 하며 투자처로서의 마지노선과 실거주지로서의 주요 요건들을 정리했다. 거주 시 삶의 만족도를 높일 수 있고, 자산으로서의 가치 또한 높이려면 어떤 요소들을 고려해야 할까 고민했고, 이러한 요소들에 부합하는 매물들을 찾아 직접 확인하는 과정을 거쳤다. 부동산 투자의 정답지가 있는 것은 아니었기에 답답하고 어려웠다. 하지만 다음의 단계를 거치며 비로소 30대에 이루고자 했던 목표인 내 집 마련을 이룰 수 있었다.

투자 차원에서의 마지노선 정하기

먼저 '서울'을 매수 지역으로 한정했다. 가장 많은 인구가 있는 대도 시이자 투자 수요가 큰 곳이기에 어디를 사든 평타는 칠 수 있겠다는 생각 때문이었다.

그리고 이왕이면 연식이 오래되지 않은 준공 10년 이내의 아파트를 사고 싶었다. 단순히 새것이라서가 아니라 아파트의 트렌드 때문이었다. 새 아파트엔 헬스장, 골프 연습장, 독서실 등 커뮤니티 시설이 무척 잘 되어 있었다. 주차장은 지하에 있어 규모가 크며, 지상은 차가 다니지 않아 안전하고, 공원처럼 조성되어 있어서 산책하기가 좋았다. 이러한 시설들은 모두 아파트의 상품성과 연계되기에 투자 가치로서도 중요했다.

또한, 1,000세대 이상의 아파트를 고려했다. 대단지일수록 규모의 경제 측면에서 다양한 커뮤니티 시설을 누릴 수 있고, 해당 지역의 상권을 형성하며 시세를 주도할 수 있기 때문이었다.

따라서 서울 시내 아파트 중 총 세대수와 동수, 준공일, 주차장 규모를 먼저 확인했다.

실거주 차원에서의 요건 파악하기

다음으로 실거주 차원에서 고려해야 할 요소들을 파악했다. 가장 중요하게 생각한 사항들은 직장과의 접근성, 생활 편의 시설 그리고 자연 환경이었다.

• 직장과의 접근성

출퇴근 시간은 삶의 질에 지대한 영향을 끼친다. 이동 시간이 길어질수록 체력이 소모되고, 저녁이 있는 삶은 멀어지게 된다. 그러니 최우선으로 고려해야 할 요건은 교통이었다.

직장과의 접근성을 위해 오가는 시간을 최소화할 수 있도록 교통 인프라가 잘 구축된 곳이어야 했다. 집과 가까운 곳에 지하철역이 있는지, 해당 지하철 노선으로 최대한 갈아타지 않고 직장까지 갈 수 있는지, 그리고 지하철역은 아파트에서 도보 10분 내로 충분히 걸어갈 수 있는 곳이어야 했다. 또한, 회사가 경기도에 위치해 있어 자가용 이용 시 아파트에서 고속도로까지 얼마나 빨리 진입할 수 있는지도 고려했다.

• 생활 편의 시설

생활의 편의를 제공하는 시설들이 가까이 있어 모든 것을 멀리 가지 않고도 해결할 수 있을지 확인했다.

백화점과 대형마트 같은 의식주 중 먹고 입는 것을 쉽게 해결할 수 있는 상권인지, 아프거나 긴급한 상황에 빠르게 대처할 수 있도록 주변에 큰 병원이 있는지를 주요 사항으로 체크했다. 쇼핑과 외식, 영화 등 여가활동을 한 곳에서 해결할 수 있는 복합 쇼핑몰과의 근접성과 은행, 경찰서, 우체국, 구청 등과 같은 관공서의 위치도 파악했다.

• **자연 환경**

마지막으로 고려한 요소는 가까운 곳에 공원이 있는지 여부였다. 한강이 보이는 공원이나 숲이 있는 녹지 공간까지 도보로 접근할 수 있는지, 도보가 어렵다면 자전거로 이동할 수 있는 거리인지 파악했다.

_____ 눈과 발로 확인하기

이러한 요건들을 확인해 아파트를 선별한 후에는 부동산 관련 인터넷 카페 등을 검색해 거주자나 임장을 다녀온 이들의 의견을 읽으며 미처 파악하지 못한 내용이 있는지, 다른 사람들의 평가는 어떤지 살펴봤다.

온라인을 통한 자료 수집이 끝나면 직접 현장에 가서 주요 사항을 눈으로 확인했다. 해당 아파트에 거주한다고 가정하고, 지하철역과 마트 등 주요 시설들까지 걸어 다니며 소요 시간과 도보로 오갈 수 있는 거리인지를 점검했다. 그리고 아파트 주변 부동산을 방문해 중개사분들을 만나 설명을 듣고 궁금한 사항을 묻기도 했다.

직접 발품을 팔고 다니면서 다른 정보를 얻을 수도 있었다. 매수하려던 아파트 인근 공터가 실은 150세대 규모의 주상복합 아파트 예정지라는 사실을 알게 돼 해당 아파트 중 조망이 겹치거나 공사 소음이 들릴 것 같은 특정 동은 매수 목록에서 제외하기도 했다. 이렇게 현장을 다녀온 후에는 해당 분위기와 생각 등을 짧게라도 정리해 기록으로 남겼다.

완벽한 매물은 없다

부동산 공부를 하며 만들어나간 체크리스트에 모두 부합하는 완벽한 매물은 없었다. 따라서 단점이 있다면 이를 상쇄할 다른 이점이 있는지 함께 파악해 나갔다.

매물을 고르며 남들과 달리 중요하게 고려하지 않았던 요건은 학군이었다. 대한민국에서 학군은 확실한 집값 보증 수표지만 내가 선택한 지역은 사실 학군이 그리 좋지 않았고, 단기간 개선되기는 어려운 것으로 판단됐다. 하지만 자녀가 없는지라 해당 요소를 크게 고민하지 않았고, 학군에 비해 좋은 학원가가 차로 이동하기 가까운 곳에 있다는 이점을 감안했다.

또한, 해당 지역이 구도심이기에 다소 노후화됐다는 점도 단점이었다. 예전부터 교통이 발달한 곳이라 생활 편의시설은 매우 잘 조성되어 있지만 그만큼 시설이 낡아 있었다. 다행인 것은 뉴타운 사업이 계획되어 있었고, 주변 지역이 이미 좋은 입지를 갖추고 있어 우리 동네까지 그 영향이 확장될 가능성이 크다고 판단했기에 최종 결정을 내렸다.

▥ 절묘했던 매수 타이밍

한창 집을 알아보던 2016년도엔 부동산 가격은 지지부진했고, 미 분양 물량이 속출했다. 괜히 매수했다가 집값 더 떨어지면 어쩔 거냐는 걱정스러운 반응이 많을 만큼 부동산 시장은 위축되어 있었다. 주변엔 전세로 살면 어차피 나중에 보증금도 돌려받을 수 있는데 집값이 내려갈 때까지 기다렸다가 싸게 사는 게 낫다는 사람들뿐이었다.

하지만 실거주를 하는 만큼 주택 구매의 '타이밍'을 잴 필요는 없다고 생각했다. 이것으로 크게 딛고 부동산 성공 신화를 누리겠다는 것도 아니었고, 주거 안정을 목표로 하는 것이니 때를 기다리거나 망설일 이유는 없다고 판단했다.

사실 이런 시장 분위기 때문에 내가 선택한 아파트도 수개월간의 미분양을 겪고 있었다. 서울 시내 미분양이라니 지금이라면 상상할 수도 없는 일이지만 당시엔 철저히 외면 받고 있었다. 하지만 앞서 정리한 내용들을 토대로 충분히 입지가 좋다고 판단했고, 매수해서 시세 차익을 얻으려는 목적이 아닌 만큼 큰 부담을 갖지 말자고 생각했다.

무엇보다 당시 부동산을 돌아다니면서 조금씩 매물이 줄어들고 있는 것이 확연히 느껴졌고, 매수세가 강해지는 시장의 변화를 체감할 수 있었다. 더 이상 망설일 이유가 없었기에 시드머니를 굴려 모은 그간의 돈을 모두 털어 내 집을 마련했다. 실제로 집을 매수한 직후 집값은 갑자기 상승하기 시작했다. 의도하진 않았지만 정말 절묘했던 매수 타이밍이었다.

ELS 투자는 상품에 대한 이해를 바탕으로 한 적절한 매수 전략으로 6개월 또는 길게는 1년이면 투자금을 대부분 조기 상환했고, 이를 재투자하는 과정을 반복하며 아파트 매수 자금을 지속해서 늘려나갈 수 있었다. 또한, 과연 지금 사는 것이 맞는지 고민하며 큰 용기를 내어 매수했던 아파트는 주거에 대한 심리적 안정감과 더불어 자산의 가치를 향상시키는 계기가 됐다. 차근차근 쌓아 올린 노력과 시간 덕분에 30대에 이루고자 했던 내 집 마련이라는 큰 목표를 달성할 수 있었고, 이제 또 다른 목표를 향한 출발점에 다시 서게 됐다.

투자
습관
원칙
2

투자의 실패 확률을 낮추는 가장 확실한 방법은

자신이 충분히 이해한 상품에 투자하는 것이다.

이를 이해했다는 것은 어떤 상황에서도 <u>스스로 정한 원칙에 따라</u>

투자를 이어갈 수 있음을 의미한다.

투자의 귀재, 워런 버핏의 투자 원칙은

첫째, 절대로 돈을 잃지 마라 Rule No.1: Never lose money**,**

둘째, 절대 첫 번째 원칙을 잊지 마라 Rule No.2: Never forget rule No.1**이다.**

장기 투자의 성패를 좌우하는 것은 엄청난 고수익이 아니라

잃지 않는 투자를 하는 것이다.

그리고 잃지 않는 투자를 하기 위해선

자신만의 투자 원칙과 기준을 정해

이를 실천하는 것이 필요하다.

40대, 미국 주식을 시작하다

경제적 자유라는 목표 설정

안정적인 직장에 입사해 목돈을 모으고, 서울 시내 내 집 마련까지 마쳤지만, 일상은 녹록치 않았다. 직장은 언제나 바빴고, 힘든 업무에 지쳐가던 중 과로와 스트레스로 병원에 입원하게 됐다. 병실에 누워 대체 언제까지 이렇게 일할 수 있을까 생각했다. 회사에서 인정받고, 승진 경쟁에서 탈락하지 않기 위해 애를 쓰며 지냈지만 그럴수록 체력은 떨어지고, 업무의 부담은 늘어갔다.

월급 이외 다른 소득은 없기에 당장 직장을 그만둘 수도 없는 노릇이었다. 그렇다고 힘들다고 푸념만 늘어놓으며 별다른 노력은 하지 않는 수동적 인간으로 늙어가고 싶진 않았다. 현재가 만족스럽지 않다면 적극적으로 무언가 바꿔야 했다.

어떤 삶을 살고 싶은지 끊임없이 자문했다. 엄청난 재벌은 아니더라도 가족의 행복을 지키며 사랑하는 이들과 더 많은 시간을 보낼 수 있는 삶, 노후 걱정과 미래에 대한 불안이 없는 삶을 살고 싶다는 답을 내렸다. 바로 '경제적 자유를 찾은 삶'이었다.

이를 이루기 위해선 내 자산들이 '나를 위해 일하는 시스템'을 구축해 지속 가능한 현금 흐름을 만드는 것이 필요했다.

어떤 방법으로 이런 시스템을 만들 수 있을까? 무엇부터 시작해야 할까?

고민이 깊어가던 중 2018년 가을, 업무상 뵙게 된 교수님과의 대화에서 그 실마리를 찾을 수 있었다. 남들보다 일찍 해외 주식투자를 시작하신 교수님은 미국 주식투자를 추천하셨다. 그러면서 구글로 검색을 하고, 디즈니 영화를 보고, 나이키 신발을 사고, 스타벅스 커피를 마시면서 왜 그 기업에 투자할 생각은 안 하냐며, 이제 미국 주식투자를 시작하라고 조언해 주셨다.

미국 주식투자? 한국 주식도 아니고 미국이라니. 나 영어 못하는 거 모르시나 보네. 게다가 주식이라면 누구나 쓰라린 사연 하나쯤은 있지 않은가. 친구의 친구가 추천한 종목이 마치 내 인생을 바꿔 줄 것이란 기대감에 몇 달 치 월급을 모아 투자(사실은 도박)했다가 반 토막이 났던 경험 같은 거 말이다. 그런 경험이 한 번 있으면 "다시는 주식 안 한다"라는 생활신조가 생긴다.

하지만 별다른 대안이 떠오르지 않았고, 무엇보다 매일 보고, 마시는 친숙한 글로벌 1등 기업들이라면 망할 확률도 낮고, 상당히 안전하지 않겠느냐는 생각이 들었다. 그리고 정말 미국 주식시장이 안심하고 투자해도 좋을 투자처인지 확인해보기 시작했다.

▤ 미국 주식이 매력적인 이유

——— 꾸준한 우상향

미국 대표 기업 500개의 주식을 포함한 지수인 S&P500지수는 1990년 1월 329.08 대비 2021년 11월 현재 4704.54로 30년간 무려 14배 이상 상승했다. 최근 5년만 보더라도 2배 이상 상승한 수치다. 지난 30년간의 S&P500지수의 흐름을 보면 하락하는 구간도

■⋯⋯ 미국 S&P500지수 흐름(1990. 1~2021. 11)

출처: Yahoo Finance

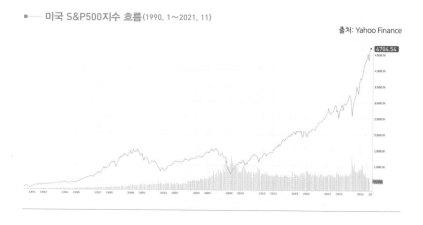

있지만, 하락장보다 상승장이 상대적으로 길고, 전체적으로 우상향한다는 것을 확인할 수 있다. 이처럼 지수가 장기적으로 상승했고, 앞으로도 이 추세를 이어갈 확률이 높은 것은 미국 대표 기업들이 강력한 경쟁력을 바탕으로 사실상 시장을 독점하며 전 세계 1위 자리를 지키고 있기 때문이다.

따라서 미국 주식에 투자한다면 시간이 흐를수록 꾸준히 상승하며 안정적인 수익을 올릴 수 있다는 심리적 안정감이 생겼다.

주주 친화적 환경

미국 기업은 배당과 자사주 매입 등 주주 친화적 정책이 주가 상승으로 연결되는 선순환 구조를 갖추고 있다.

배당은 기업이 주주들에게 소유 지분에 따라 이익을 분배하는 것이다. 미국 기업들은 배당을 오랜 기간 지속적으로 지급하며, 꾸준히 늘려나가는 것을 중요시한다. 50년 이상 배당을 늘려온 기업은 '배당왕Dividend Kings', 25년 이상 배당을 늘려온 기업은 '배당귀족Dividend Aristocrats'으로 불리며, 수십 년 동안 변함없이 주주들에게 배당을 지급해왔다는 측면에서 좋은 투자처로 평가받는다. 주주의 입장에선 매 분기 마치 이자처럼 안정적으로 배분받는 배당금을 마다할 이유가 없다.

자사주 매입은 기업들이 보유한 현금으로 자기 회사 주식을 사들이는 것이다. 자사주를 매입하면 그만큼 시중에 유통되는 주식 수가 줄어들어 주가 상승의 요인이 된다. 미국 기업들이 2021년 발표한 자사주 매입 규모는 1조 달러를 넘어섰다. 자사주 매입 계획 자체가 워낙 대규모인 만큼 주가 부양 효과뿐만 아니라 시장의 하락이 있더라도 낙폭을 제한하는 안전판 역할을 할 수 있다.

달러라는 안전자산

미국 주식에 투자하면 달러라는 안전자산을 소유할 수 있는 장점이 있다. 2008년 리먼 브라더스의 파산사태 여파로 2009년 2월 원·달러 환율은 1,540원마저 넘는 급등세를 지속했다. 위기의 순간 이머징 국가의 화폐가치는 여지없이 무너지는데, 2020년 초에도 1,150원대였던 환율이 2020년 3월 코로나19 확산으로 1,280원까지 급등했다. 이처럼 환율이 상승하는 시기에 미국 주식이라는 달러 자산을 소유만 하고 있어도 환율 상승에 따라 자산이 늘어나는 경험을 할 수 있다. 더불어 떨어지는 자국의 화폐 가치를 헤지해 위험을 분산 할 수 있다.

이처럼 미국 주식시장은 장기적으로 우상향하며, 미국 기업들은 주주들에게 이익을 환원하고 주가를 부양하기 위해 노력하고 있다. 또한, 미국 달러는 자국의 화폐 가치가 떨어지는 위기의 순간 자산을 보호하는 역할을 한다. 그러니 미국 주식투자는 망설일 것이 아니라 내일이라도 당장 시작해도 좋을 투자처임이 분명했다.

▌ 투자 전 진입 장벽과
해결 방법 찾기

미국 주식에 투자해야겠단 마음은 먹었지만, 막상 시작하려니 겁나는 것이 많았다. 한국 주식도 잘 모르는데, 미국 주식이라니…. 영어 울렁증이 다시 시작되는 것 같았고, 달러로 환전은 어떻게 해야하며, 미국 시각에 맞춰 거래하려면 밤새 깨어있어야 하나 등등 걱정이 앞섰다. 투자 전 이런 사항들을 하나씩 정리하며 해결 방법을 찾아갔다.

_____ 영어 울렁증

미국 기업 관련 영어 뉴스를 보고 호재인지 악재인지 구분을 못 하면 어쩌지? 중요한 정보를 이해할 수 있을까? 등 영어는 투자의 큰 걱정거리였다. 하지만 기술의 발전으로 이러한 고민은 쉽게 날려버릴 수 있었다. 구글 번역기 등을 통해 인터넷 기사를 바로 한글로 변환해 읽을 수 있었고, 주요 외신들은 국내 언론을 통해서도 빠르게 번역되어 올라왔다. 시간이 지날수록 번역기를 통한 번역의 정교함은 더 높아졌고, 번역된 기사가 올라오는 속도도 더 빨라져서 정보의 시차는 크게 발생하지 않았다. 또한, 국내 증권사에서도 해외 기업 관련 다양한 리포트를 무료로 발간하는 추세고, 개인투자자들도 블로그와 유튜브 등을 통해 다양한 자료를 공유하고 있어 미국 주식 관련 정보를 접하는데 언어는 전혀 장벽이 되지 않았다.

_____ 늦은 거래 시간

미국 주식의 정규장 거래 시간은 서머타임 기준 밤 10시 30분부터 다음 날 아침 5시(한국 시간)까지이며, 서머타임이 해제되는 11월부터 3월까지는 거래 시간이 1시간 늦춰져서 밤 11시 30분부터 다음 날 아침 6시(한국 시간)까지다. 하지만 늦은 밤까지 기다리지 않고도 정규장 개장 전 프리마켓에서 거래할 수 있는 장전 거래 서비스를 이용할 수 있다. 최근 들어 국내 증권사에서는 장전 거래 서비스 제공 시간을 앞 다퉈 늘리고 있고, 대부분 오후 5시(서머타임 해제 시 오후 6시부터)부터 장전 거래가 가능해지는 추세다.

더구나 미국 주식투자는 자주 사고팔기보다 우량주 위주로 모아나갔기 때문에 필요한 주문만 해두고, 일찍 잠든 후 다음 날 아침 체결 여부만 확인했다. 정작 거래 시간 중 시장을 계속 확인하는 일은 드물었다.

통제할 수 없는 환율의 변동성

가장 어려운 부분이 바로 환율인데 이는 통제를 할 수 있는 요인이 아니다. 원·달러 환율이 너무 높다면 달러로 비싸게 환전하는 만큼 수익률이 떨어지게 되고, 매도 후 한화로 환전하려 할 시 내가 매수할 때의 환율보다 더 낮다면 그만큼 손해를 보게 된다.

이처럼 불확실성이 큰 환율에 대해서는 기준을 세워 대응하는 방법밖에 없다. 자신의 환전 내역을 기록해 지금까지의 전체 환전 금액에 대한 평균 환율을 환전 기준으로 잡거나, 최근 10년 또는 5년과 같이 특정 기간을 정해 해당 기간 동안의 평균 환율을 환전 기준으로 정할 수 있다. 참고로, 2012년부터 2021년까지 최근 10년간 원·달러 평균 환율은 1,129원이며, 2017년부터 2021년까지 최근 5년간 원·달러 평균 환율은 1,144원이다.

높은 양도소득세

국내 주식은 대주주가 아닌 이상 매매차익에 대해 부과되는 세금이 없지만, 미국 주식은 1년 동안의 매매차익 중 기본 공제액인 250만 원을 제외한 금액의 22%를 양도소득세로 납부해야한다. 한 해 동안 발생한 수익과 손실을 모두 합해 1천만 원의 수익이 났다면 이 중 250만 원을 제외한 750만 원의 22%에 해당하는 165만 원을 양도소득세로 내야 한다. 양도소득세 신고 및 납부는 다음 연도 5월 중 해야 하며, 대부분의 증권사에서 세무법인을 통한 양도소득세 신고 대행 서비스를 제공하고 있다.

'수익의 22%나 세금으로 내야 한다니, 남는 게 없는 거 아닌가?' 하는 생각도 들었지만 "그런 생각은 수익부터 낸 이후에 하라"는 누군가의 말에 정신이 번쩍 들었다.

무엇보다 양도세라는 단점보다 미국 주식투자가 주는 혜택이 압도적으로 컸다. 실제로 박스권에 갇힌 국내 주식과 달리 미국 주식은 지속적으로 상승했고, 투자를 시작한 뒤 얼마 되지 않아 양도세를 내야 할 수준의 수익을 안겨줬다.

또한, 양도세는 손실과 수익을 모두 합산한 금액을 기준으로 정해지기 때문에 250만 원 이상의 매매 차익이 발생했다면, 보유 종목 중 수익이 마이너스인 주식을 매도해 손실을 확정 지은 후 해당 종목을 재매수하는 방법으로 양도세를 줄일 수 있다. 그 밖에도 배우자, 자녀 등 가족 간 증여를 통해 절세를 하는 방법도 있다. 하지만 양도세부터 걱정하기보단 그만큼 수익을 올렸다는 것에 집중하며 더 높은 수익을 내기 위해 노력하는 것이 낫다고 생각한다.

_____ 각종 수수료

미국 주식 거래 시 고려해야 할 수수료는 거래 수수료와 환전 수수료다.

해외 주식 온라인 거래 수수료는 거래대금의 0.25%이며, 과거에
는 최소 수수료라는 것이 있어 거래 대금이 적어도 건당 반드시 내
야 할 수수료가 있었다. 하지만 최근 미국 주식투자에 대한 관심이
높아지면서 최소 수수료는 대부분 없어졌으며, 증권사별로 경쟁적
으로 신규 고객에 대한 거래 수수료 할인 이벤트를 제공하고 있다.

환전 수수료는 매수환율 또는 매도환율과 매매기준율과의 차이
인 환 스프레드를 의미한다. 증권사 환전 시 다음과 같은 표를 확
인할 수 있는데, 달러로 환전 시 환율 우대가 없다면 1,180원에 환
전을 해야 한다. 하지만 환율 우대 95%라면 매수환율과 매매기
준율 차이인 10원에 대한 95%를 면제한다는 의미로, 9.5원((1,180
원-1,170원)×0.95)을 할인해 1,170.5원으로 환전할 수 있다.

■⸺ 환전 시 환율 기준 예

매수환율	매도환율	매매기준율
1,180원	1,160원	1,170원

따라서 증권사 선택 시 해외 주식 거래 수수료가 몇 퍼센트이며,
환전 우대를 얼마나 적용해주는지 혜택을 확인해 조금이라도 낮은
수수료로 매매가 가능한 증권사를 선택하는 것이 좋다.

미국 주식으로 연봉 벌기

미국 주식을 시작하기 전 느꼈던 진입 장벽은 해외 주식투자를 처음 시작하는 이들이라면 누구라도 겪었을 법한 어려움들이다. 하지만 한 주라도 직접 매수해 투자를 시작해 보면 영어 울렁증이 있는 40대 주식 초짜도 금방 적응할 만큼 복잡하지 않다.

유튜버 신사임당의 인터뷰 중 '투자를 하려면 먼저 자신이 어떤 유형인지 파악하라'는 말이 상당히 인상적이었다. 돈을 쓰는 것보다 덜 쓰고, 쌓여가는 것에 안정감을 느끼는 사람이라면 돈을 아껴 모으는 것에서 시작하고, 돈을 쓰는 것에 더 큰 행복을 느끼는 사람이라면 소득 자체를 늘리는 것부터 시작해야 한다는 것이었다. 굳이 따지자면 난 전자에 속한다. 돈을 모으는 것에서 느끼는 안정감이 소비에서 오는 행복감보다 더 크기에 습관처럼 아꼈고, 20~30대의 투자 패턴 또한 위험을 최소화하는 방식을 고집했다.

이런 내가 '주식'이라는 원금이 보장되지 않는 투자처에 적극적으로 투자하게 된 이유는 그만큼 미국 주식이 매력적이며, 편안한 재테크 수단이라는 것을 깨달았기 때문이다. 그런 이유로 주변 지인들에게도 망설이지 말고 하루라도 빨리 미국 주식투자를 시작할 것을 권했다. 미국 주식투자를 해야 할 이유는 너무나 분명했기 때문이다.

증권 계좌를 개설한 뒤, 2018년 11월 1,679달러에 아마존 주식 1주를 매수하는 것으로 미국 주식투자를 시작해 2019년부터는 매달 월급 중 일부를 적금처럼 투자했다. 학습량과 경험이 쌓여 자신감이 붙으면서 투자금을 늘려나갔고, 지금은 여유 자금을 모두 미국 주식에 투자하고 있다. 2019년엔 매달 들어오는 배당금이 마냥 즐거웠고, 투자 1년 만에 양도소득세를 내면서 스스로를 칭찬했다. 2020년에는 코로나19로 계좌가 -40%까지 하락하는 경험도 했지만, 빠른 속도로 회복하며 미국 주식으로 경제적 자유를 꿈꿀 수 있을 만큼 연봉 이상의 수익을 올릴 수 있게 됐다.

1억을 모으고, 내 집을 마련하고, 미국 주식으로 자산을 불리는 모든 투자 과정에서 가장 중요했던 것은 이루고자 하는 구체적인 목표를 정하고, 이를 달성하기 위한 실천 계획을 마련해 습관처럼 매일 반복해나간 것이었다.

다음 장에서는 미국 주식투자로 안정적인 수익을 올릴 수 있게 되기까지 어떤 투자 습관을 만들고, 유지했는지 상세히 소개한다. 간단하고 쉬운 방식이지만 성공투자 확률을 높일 수 있는 확실한 실천 방법이기에 꾸준한 수익을 원하는 투자자들과 미국 주식을 처음 시작하는 이들에게 유용한 가이드가 될 수 있을 것이다.

투자
습관
원칙
3

복리의 마법은 비단 돈에만 적용되는 것이 아니다.

투자 습관 또한 반복이 거듭될수록 삶의 변화는 몇 배로 더 커진다.

20대에 시드머니 마련을 위해 시작한 투자의 습관은

10년이 지나 내 집 마련과,

20년이 지나 경제적 자유를 향한 원동력이 됐다.

작은 투자 습관도 시간이라는 마법을 만나면 그 효과는 더욱 커진다.

그러니 여러 진입 장벽 앞에서 망설이기보단 일단 뭐라도 시작하자.

시작하고 나면 자연스레 알게 되는 것들이 많으며,

경험을 통해 더 성장할 수 있다.

LEVEL
02

투자 습관 만들기

모든 습관은 반복을 통해 형성된다. 매일 반복할 수 있는 작지만 지속 가능한 자신만의 루틴을 만들고, 이를 실천하다 보면 어느덧 큰 변화와 마주할 수 있다. 이번 장에서는 미국 주식투자를 시작하며 매일 반복해왔던 투자 루틴과 공부 방법을 소개한다. 아울러 투자 목표를 세워 계획한 바를 실행하고, 점검하는 구체적인 방법과 그 과정에서 필요한 마음가짐을 안내한다.

★ ★ ★ ★ ★

반복,
투자 루틴을 만들다

▥ 매일 쉽고 빠르게 시장 흐름 확인하기

투자 초기엔 되도록 많은 자료를 찾아봤다. 하지만 절대적으로 시간이 부족했고, 다양한 정보를 접할수록 불안감이 가중되며 투자 성과에 큰 도움이 되지 않았다. 투입 시간을 줄이면서도 꼭 필요한 사항들만 확인하는 방향으로 루틴을 개선했고, 이젠 퇴근 후 30분, 출퇴근 시간 30분씩 중요한 시장 흐름만 확인하는 일과를 반복하게 됐다.

매일 반복하는 투자 일과는 간단하다. 먼저, 저녁 시간 미국 장이 시작되면 몇 가지 주요 지표와 관심 업종별 대장주(종목군별로 가장 대표가 되는 주식)의 주가 흐름을 통해 시장을 파악한다. 이어 다음날

출퇴근 시간에는 경제 방송을 들으며 전날 밤 미국 시장과 당일 한
국 시장을 정리하는 과정을 거친다.

구체적으로 매일 확인하는 주요 지표와 해당 지표를 해석하는 방
법은 다음과 같다.

─── 주요 지표 점검: 3대 지수, 금리, 유가, 변동성 지수

시장 전체 지표에 해당하는 미국 3대 지수(S&P500, 나스닥, 다우)와
금리, 유가, 변동성 지수를 통해 시장 전반의 흐름을 이해할 수 있
다. 이러한 지표는 CNBC 앱을 통해 보다 쉽고 효율적으로 관리
할 수 있다. CNBC 앱에서는 경제 관련 속보, 종목별 다양한 뉴스
뿐만 아니라 실시간 주가를 확인할 수 있다. 특히 사용자가 자주 확
인하는 대표지수와 주요 종목들을 워치리스트Watchlist로 직접 설정할
수 있어 유용하다.

ETF Exchange Traded Fund는 다양한 주식을 모아 개별 주식처럼 편리
하게 거래할 수 있도록 만든 금융상품이다. 먼저 CNBC 앱에서 3
대 지수를 추종하는 ETF인 SPY(S&P500지수), QQQ(나스닥지수),
DIA(다우지수)와 US10Y(미국 10년물 국채금리), USO(유가 ETF), 그리
고 VIX(변동성 지수)를 워치리스트로 설정해 두자.

3대 지수별 움직임을 반영한 대표 ETF인 SPY, QQQ, DIA를 보
면 오늘 시장 상황을 알 수 있다. S&P500지수는 기술주의 비중이

가장 크지만, 기술주 외에도 소비재, 금융, 헬스케어, 산업재 등이 고루 분포되어 있어 SPY 주가 추이로 시장 전반의 분위기를 알 수 있다. 나스닥은 기술주 비중이 절대적으로 큰 만큼 QQQ 주가를 통해 기술주의 흐름을 파악할 수 있다. 다우 지수에는 금융, 산업재, 에너지 등의 비중이 높아 DIA 주가를 확인하면 경기 민감주의 방향을 알 수 있다.

3대 지수가 고루 상승하고 있다면 개별 주식을 모두 확인하지 않더라도 오늘은 시장 분위기가 전반적으로 좋다고 판단할 수 있으며, 개별지수 간 차이가 있으면 각 지수의 특징을 이해해 시장을 파악할 수 있다. 예를 들어 QQQ가 하락하고, DIA가 상승하고 있다면 기술주는 약세인 반면 경기 민감주들은 오름세라는 것을 알 수 있다. 실제로 이 경우 애플과 구글 같은 플랫폼 기업들의 주가는 약세인 반면 대표 금융주인 JP모건, 산업재인 캐터필러, 에너지 대장주인 엑손 모빌 등의 주가는 상승세를 보인다.

3대 지수가 모두 하락한다면 시장 자체가 좋지 못하다는 의미임으로 보유한 주식 또한 하락세라 할지라도 크게 신경을 쓰지 않는다. 아무리 개별 기업의 호재나 업종의 수혜가 있어도 시장이 힘을 잃었다면 개별 주식의 주가는 오르기 쉽지 않기 때문이다. 따라서 3대 지수를 확인한 후, 개별 주식의 주가를 확인하면 그 흐름을 좀 더 쉽게 이해할 수 있다.

3대 지수와 함께 가장 중요하게 확인하는 것은 금리다. 금리는 시장의 바로미터로 미국 10년물 국채금리는 글로벌 금융 시장에서 기준점 역할을 한다. 일반적으로 금리가 하락하면 유동성이 풍부해지며, 시중에 돈이 많이 풀린다. 반대로 금리가 상승하면 유동성이 줄어들면서 위험자산 선호심리가 위축되고, 증시의 조정 압력도 커진다. 따라서 금리는 돈의 흐름과 투자 심리를 예측할 수 있는 중요한 지표다.

■ ┄┄ 미국 10년물 국채금리 변화(2016. 1. 1~2021. 10. 1)

출처: Federal Reserve Economic Data

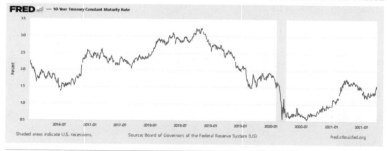

지난 5년간 미국 10년물 국채금리는 1.5~2.5% 사이에서 움직였다. 다만, 2020년 초부터는 코로나 여파에 따른 유동성 공급 차원으로 금리가 0.5~1%의 매우 낮은 수준으로 유지됐다. 이처럼 금리가 내려가면 대출이자에 대한 부담이 줄어들면서 낮은 이자로 돈을 빌려 주택을 구매하려는 수요가 증가하며, 소비가 개선되는 효과가 발생한다. 소비가 증가하면 기업의 생산도 늘어나고, 기업은 저금리로 돈을 빌려 사업을 확장하거나 새로운 곳에 투자를 고려하게 된다. 그리고 이는 기업의 매출 증가로 이어진다.

하지만 2021년 하반기부터 금리는 다시 1.5% 수준까지 올랐고, 이는 인플레이션 압박이 커지며 통화의 긴축 정책 가능성이 커졌기 때문이다.

금리의 급격한 상승은 시장의 조정을 가져온다. 금리가 오르면 대출을 받았거나 대출을 해야 할 개인들이 지불해야 할 이자가 상승한다. 이에 따라 가계 부담이 커지면서 개인은 필수품을 제외한 다른 소비를 줄이게 되고, 개인의 소비가 매출로 이어지는 기업들은 타격을 받게 된다.

기업도 마찬가지다. 대출을 받은 기업들은 이자 부담이 커지고, 이는 기업의 이익에도 영향을 끼친다. 특히 새로운 기술과 제품 개발에 적극적인 투자가 필요한 성장주는 더 큰 영향을 받을 수밖에 없다. 금리 인상과 물가 상승은 자금조달 비용 증가로 이어지기 때문이다.

하지만 단순히 금리가 상승하면 주식을 매도해야 하고, 금리가 하락하면 주식을 매수해야 하는 식으로 해석하는 것은 위험하다. 시장은 금리와 함께 앞으로의 경제활동을 어떻게 예측하는지에 따라 다르게 반응하기 때문이다. 금리가 상승해도 향후 경기가 살아날 것이라 기대한다면 개인은 소비를 늘리고, 기업은 투자를 계속할 것이다. 반면 금리가 하락하더라도 불경기의 본격적인 시작이 예상된다면 개인과 기업의 지출과 투자는 얼어붙을 수 밖에 없다. 따라서 각국 정부에서는 이 같은 시장 심리를 위축시키지 않기 위해 경기 부양에 부단히 애를 쓰는 것이다.

미국 주식 투자 습관

유가는 대표 원유 ETF인 USO를 통해 흐름을 이해할 수 있다. 유가 상승 시 USO 또한 상승하며, 유가의 상승은 인플레이션 우려를 부추기며 금리 상승의 요인으로 작용한다.

마지막으로 투자자들의 투자 심리를 수치로 나타낸 VIX 지수는 주식시장의 변동성이 클 것으로 예상하는 투자자가 많을수록 상승한다. 일명 공포지수라고도 불리며, 시장의 큰 하락이 발생했을 시 VIX 지수 또한 상승하는 경향이 있다.

아래 그림 중 왼쪽은 앞서 설명한 3대 지수 ETF인 SPY, QQQ,

■····· CNBC 앱을 활용한 주요 지수 및 업종별 대장주 구성 예

출처: CNBC 앱

Edit	-Market- ∨			Q
MARKET CLOSE		EXTENDED HOURS		
List	A-Z ⬍		Price ⬍	% Change ⬍
SPY SPDR S&P 500 ETF Trust		458.97 Vol 108.8M 11/26/21 EST		-10.47 -2.23%
QQQ Invesco QQQ Trust		391.20 Vol 48.7M 11/26/21 EST		-7.56 -1.90%
DIA SPDR Dow Jones Industrial Average ET...		349.02 Vol 8.6M 11/26/21 EST		-9.01 -2.52%
US 10-YR U.S. 10 Year Treasury		1.482% 2:30 PM EST		-0.162
USO United States Oil Fund, LP		49.63 Vol 18.2M 11/26/21 EST		-6.25 -11.18%
VIX CBOE Volatility Index		28.62 11/26/21 EST		+10.04 +54.04%
+ ADD SYMBOL				

Edit	Semiconductor ∨			Q
MARKET CLOSE		EXTENDED HOURS		
List	A-Z ⬍		Price ⬍	% Change ⬍
NVDA NVIDIA Corp		197.32 Vol 33.7M 10/04/21 EDT		-10.10 -4.87%
AMD Advanced Micro Devices Inc		100.34 Vol 41.4M 10/04/21 EDT		-2.11 -2.06%
INTC Intel Corp		53.47 Vol 23.2M 10/04/21 EDT		-0.39 -0.72%
QCOM Qualcomm Inc		126.68 Vol 8.2M 10/04/21 EDT		-2.03 -1.58%
TSM Taiwan Semiconductor Manufacturing Co Ltd		109.02 Vol 7.8M 10/04/21 EDT		-2.54 -2.28%
ASML ASML Holding NV		712.94 Vol 1.6M 10/04/21 EDT		-28.87 -3.89%
AMAT		125.20		-3.93

News Markets Watchlists CNBC TV Listen

News Markets Watchlists CNBC TV Listen

DIA와 10년물 국채금리, 유가 ETF인 USO, 그리고 변동성 지수인 VIX를 CNBC 앱을 활용해 워치리스트로 설정한 화면이다. 한 화면으로 모든 지수의 변화를 한눈에 확인할 수 있다.

예를 들어 그림과 같이 3대 지수가 모두 하락하고, 변동성 지수인 VIX가 높아지고 있다면 시장의 불안 심리가 커졌음을 의미한다. 또한, USO를 통해 유가가 큰 폭으로 하락하며 금리 상승 압력이 낮아졌음을 알 수 있다. 따라서 3대 지수 하락과 더불어 유가의 폭락으로 변동성 지수가 크게 상승하며 시장의 공포가 커졌다고 이해할 수 있다. 이처럼 개별 주식의 특별한 하락 사유가 없더라도 시장 전체적인 심리 악화로 주가가 하락할 수 있다.

시장 전반에 대한 확인이 끝난 후에는 관심 업종별 대장주의 주가 흐름을 보며 각 산업의 동향을 확인한다.

관심 업종별 대장주 체크

관심 있는 산업 분야별 대표 주식들을 모아 관찰하면 좀 더 상세한 업종별 변화를 확인할 수 있다. 69쪽 그림의 오른쪽은 반도체Semiconductor의 대장주들인 엔비디아(NVDA)* , AMD, 인텔(INTC), 퀄컴

---

* 이후 기업명과 함께 기재한 괄호 속 영문은 기업의 티커Ticker다. 티커는 주식에 부여된 코드로, 주식을 간편하게 검색하기 위해 존재한다.

미국 주식 투자 습관

(QCOM), TSMC(TSM), ASML 등을 묶어 구성한 화면이다. 화면과 같이 반도체 대장주가 모두 하락하는 상황이라면 내가 보유하고 있는 특정 반도체 주식에 이슈가 있는 것이 아니라 해당 산업 전반적으로 조정을 받고 있다고 판단할 수 있다.

산업별 주요 주식을 모아 확인하는 이유는 같은 업종의 주식은 주가 움직임이 비슷한 경향이 있기 때문이다. 스타벅스의 실적이 좋아 주가가 상승하면 외식 관련 업종들의 실적도 잘 나올 것이란 기대감에 동종 기업들의 주가가 함께 오른다. 또한, 반도체 쇼티지(공급 부족)와 같은 반도체 산업에 부정적인 이슈가 발생되면 엔비디아의 주가만 하락하는 것이 아니라 AMD, 인텔 등 반도체 관련 주식들이 비슷하게 하락한다.

따라서 개별 기업의 주가를 하나씩 모두 확인하는 것보다 산업별 흐름을 보는 것이 효율적이다. 이러한 흐름을 이해하면 "오늘 ○○ 주식 왜 하락했나요?"와 같은 질문을 하지 않을 수 있으며, 개별 주식의 주가 변화에 민감하게 반응하지 않을 수 있다.

72쪽 표와 같이 관심 있는 업종별 주식들로 워치리스트를 구성해 장이 시작되면 한 번씩 훑어보며 시장을 살펴볼 수 있다. 예를 들어 오늘은 친환경 인프라 투자 관련 소식이 있어 태양광 관련 주식이 좋구나, 혹은 코로나 확산세가 잠잠해지니 사람들이 외출할 것이라는 기대감에 외식과 소비재 관련 주식이 오르는구나 등과 같은 업종의 흐름을 이해할 수 있다. 세부 업종과 업종별 주식은 본인의 관심 분야에 따라 달리 구성할 수 있다.

플랫폼	전기차	미디어	태양광	5G 리츠
마이크로소프트 (MSFT) 애플(AAPL) 구글(GOOGL)* 아마존(AMZN) 메타(FB)**	테슬라(TSLA) 알버말(ALB) 전기차ETF(LIT) 니오(NIO) 샤오펑(XPEV)	넷플릭스(NFLX) 디즈니(DIS) 컴캐스트 (CMCSA) AT&T(T)	태양광ETF(TAN) 솔라엣지(SEDG) 엔페이즈 에너지 (ENPH) 퍼스트솔라 (FSLR)	아메리칸 타워 (AMT) 크라운캐슬(CCI) 이퀴닉스(EQIX) 디지털 리얼티 (DLR)
해킹/보안	전자상거래	결제	외식/소비	여행
크라우드스트라이크 (CRWD) 지스케일러(ZS) 옥타(OKTA) 보안ETF(CIBR)	쇼피파이(SHOP) 씨(SE) 메르카도리브레 (MELI) 엣시(ETSY)	페이팔(PYPL) 블록(SQ)*** 비자(V) 마스터카드(MA)	스타벅스(SBUX) 맥도날드(MCD) 나이키(NKE) 룰루레몬(LULU)	에어비앤비(ABNB) 아메리칸에어라인 (AAL) 보잉(BA) 여행ETF(JETS)

* 구글이 속한 모기업의 공식 명칭은 '알파벳'이다. 본 책에서는 기업명 '알파벳'을 '구글'로 통칭한다.
** 페이스북은 2021년 10월, 사명을 '메타'로 변경했다.
*** 스퀘어는 2021년 12월, 사명을 '블록'으로 변경했다.

이렇듯 주요 3대 지수와 미국 10년물 국채금리, 유가와 변동성 지수를 확인해 시장의 분위기를 먼저 파악한 후, 주요 관심 업종의 대장주들의 추세를 보면 어떤 산업으로 돈이 흐르고 있는지 방향성을 이해할 수 있다. 또한, 특정 업종의 주가가 크게 하락하거나, 상승한다면 해당 산업의 악재나 호재로 작용한 뉴스가 무엇인지 속보를 통해 확인해 볼 수 있다.

속보 확인

CNBC 앱을 선호하는 또 다른 이유는 속보를 가장 빠르고 쉽게 접할 수 있는 창구이기 때문이다. 앞으로 경기 전망을 예측해 볼 수 있는 고용보고서Employment Situation나 신규 실업수당청구 건수Initial Jobless Claims, 인플레이션을 가늠해 볼 수 있는 소비자물가지수CPI, Consumer Price Index등 주요 경제 지표들이 발표되는 날 속보로 해당 소식을 확인할 수 있다. 실적 발표 내용과 신제품 소식 등도 당일 실시간으로 공지되며, 헤드라인만으로 대략적인 내용을 파악할 수 있을 만큼 뉴스의 전달력이 좋다.

예를 들어 고용보고서의 실업률이 예상보다 높게 나왔거나 실업수당청구 건수가 늘어났다면 경기가 어렵다는 신호로 주식시장에는 좋지 못한 소식이다. 또한, 소비자물가지수는 소비자가 구입하는 상품이나 서비스의 가격 변동을 나타내는 지수로 예상보다 높게 나온다면 물가 상승에 따른 금리 인상 압력도 커지게 된다.

주요 지표 외에도 대표 기업들의 실적 발표 뉴스가 뜨면 해당 주식의 주가를 확인해 시장의 반응을 살필 수 있다.

_____ 경제 방송 듣기

주중에 별도의 시간을 내기 어렵기에 출퇴근 시간을 활용해 경제 방송을 들었다. 많은 이들이 즐겨듣는 〈삼프로TV 경제의 신과 함께〉 방송을 아침저녁으로 매일 들었고, 해당 방송에서 소개되는 새로운 산업과 생소한 용어들은 메모해 주말에 시간을 내어 관련 리

포트나 책을 찾아 읽었다. 시간이 지날수록 경제 용어들이 익숙해
졌고, 관심과 흥미가 커질 수 있었다.

▌ 주말엔 산업 리포트로 트렌드 파악하기

주말에는 관심 있는 산업 분야의 리포트를 찾아 읽으며 산업 동향
을 파악했다. 투자 초기 읽었던 반도체, 클라우드, 자율 주행, 핀테
크 등에 대한 산업 리포트들은 투자 아이디어로 연결됐고, 성장 가
능성이 큰 주식들에 미리 투자할 수 있었다.

산업 리포트는 해당 산업이 왜 유망하며, 앞으로의 확장 가능성
과 발생할 수 있는 리스크까지 자세히 분석되어 있다. 구체적인 수

■── 한경컨센서스 홈페이지

치를 기반으로 현재와 미래의 전망을 제시해 시장 규모를 예상할 수 있고, 대표 기업들과 세계 각국의 경쟁 업체까지 언급돼 있어 투자 기업 선별에도 도움이 된다. 산업 리포트의 경우 이러한 방대한 정보를 담고 있는 만큼 100페이지 이상의 엄청난 분량인 경우가 많아 긴 호흡으로 주말에 몰아서 하나씩 읽곤 한다.

산업 리포트를 보고, 앞으로 시장의 확장이 기대된다면 해당 분야 1등 기업의 투자를 고려해 볼 수 있다. 또한, 산업 리포트를 읽고 개별 기업에 접근하면 산업 생태계 전반에 대한 이해가 선행된 만큼 때때로 발생하는 소음들에 쉽게 흔들리지 않고 투자를 이어나갈 수 있다. 시장이 얼마나 확장될 수 있는지 이미 파악한 만큼 여러 돌발 이슈들이 산업의 방향성을 저해할 주요 요인인지 여부를

■⋯⋯ 삼성증권 홈페이지 해외 주식 리포트 메뉴

판단할 수 있기 때문이다.

　산업 리포트는 한경컨센서스 또는 각 증권사 홈페이지에서 확인 가능하다. 한경컨센서스(consensus.hankyung.com)에선 국내 증권사가 제공하는 리포트를 별도의 회원가입 없이 무료로 확인할 수 있으며, 산업 리포트뿐만 아니라 기업과 시장분석 등 다양한 리포트를 확인할 수 있다.

　다만 각 증권사에서 모든 리포트를 한경컨센서스에 공유하는 것은 아니며, 증권사별 자사 홈페이지를 통해 고객용으로 배포하는 것도 있다. 특히 최근 해외 주식 투자자가 증가하면서 증권사마다 국내 주식 외에도 해외 주식 관련 리포트를 제공하는 추세다. 자신이 주로 거래하는 증권사가 아니더라도 회원가입을 통해 별도의 비용 없이 자료를 확인할 수 있다.

　일주일에 한두 번은 증권사 홈페이지를 통해 새로 업로드 된 리포트들의 제목을 확인하고, 이 중에 관심 있는 보고서는 출력해 주말에 읽고 정리하는 시간을 가졌다.

월간 일정 검토와 독서로 증시 전망하기

＿＿＿＿＿ 매월 주요 일정 점검하기

각 증권사에서는 자사 홈페이지를 통해 월간 증시 스케줄을 안내한

출처: 키움증권

2021년 12월 Kiwoom Research Calendar

다. 이는 주요 증시 일정을 포함한 캘린더로 매월 말이 되면 업데이트된다.

　매월 주요 일정을 파악해 두면 언제 증시의 변동성이 생길지 예측해 미리 준비를 해둘 수 있다. 매수하고 싶은 종목이 있다면 주가의 변동성이 커지는 시점을 이용해 좀 더 싸게 매수할 수 있고, 변동성이 커지기 전에 미리 매도해 현금을 마련해둘 수 있다.

　월간 일정 중 주로 확인해 두는 날짜는 연방공개시장위원회FOMC 회의, 선물옵션만기일, 실적 발표일 등이 있다.

　미국 연방준비제도이사회FED,연준에서는 FOMC를 통해 미국의 기준금리를 결정하며, 약 6주마다 연 8회 개최된다. 연준의 기준금리와 통화 정책 변화에 주식시장은 민감하게 반응하기 때문에 변동성이 커지는 시기다.

선물옵션만기일은 일명 '네 마녀의 날'로 네 가지 파생상품(개별 주식 선물과 옵션, 지수 선물과 옵션) 만기일이 동시에 겹치는 날이다. 이 날이 되면 마치 마녀들이 장난을 치듯 시장이 혼란스럽다는 비유에서 유래했으며 그만큼 주가 변동성도 커진다. 한국 시장은 매년 3월, 6월, 9월, 12월의 각 둘째 주 목요일이며, 미국 시장은 3월, 6월, 9월, 12월의 각 셋째 주 금요일이다.

실적 발표 시즌에는 각 기업의 실적과 앞으로의 전망(가이던스)이 발표되며 어떤 실적을 발표하느냐에 따라 기업별 주가의 향방도 달라진다. 보통 실적 발표 시즌은 1월, 4월, 7월, 10월 중순부터 시작된다.

이 밖에도 고용보고서, 신규 실업수당청구 건수, 소비자물가지수 등 미국 경제 현황을 파악할 수 있는 주요 경제 지표들이 발표되는 시기도 미리 일정표를 통해 확인해 볼 수 있다.

_____ 월 1권 이상 독서로 장기 안목 키우기

독서 습관은 각자 다르겠지만, 글을 읽는 속도가 남들보다 느린 탓에 어릴 적부터 많은 책을 읽는 것보단 한 권을 보더라도 천천히 꼼꼼하게 읽는 방법을 택했다. 책 내용 중 투자에 적용하고 싶은 전략이나 기억하고 싶은 문구들은 별도의 노트 앱에 작성해 저장했고, 언제든 그 내용을 다시 찾아 읽고 싶을 땐 검색을 통해 재확인했다. 책마다 일종의 요약 노트를 작성한 셈인데 1년마다 12권의 노트가 생겼다.

주식투자에 관심을 갖고 가장 처음 읽었던 책은 피터 린치의 《전설로 떠나는 월가의 영웅》이었다. 어떤 기업에 투자해야 하며, 투자 시 점검해야 하는 사항은 무엇인지 쉽고 재미있게 설명한 책으로 주식을 처음 시작하는 이들에게 좋은 입문서라고 생각한다.

이후 다양한 경제 지표와 경기를 이해하는 방법, 기업의 사업보고서와 재무제표를 보는 방법과 관련된 서적들을 찾아 읽었다. 특히 박동흠 회계사의 글은 한 신문에 연재된 회계 칼럼을 통해 처음 접하게 됐는데, 《박 회계사의 완벽한 재무제표 활용법》 등을 비롯하여 비전공자도 이해하기 쉬운 주식 투자 관련 책들을 여러 권 출간한 바 있어 저자의 책을 연속해서 모두 찾아 읽었다.

벤저민 그레이엄의 《현명한 투자자》, 조엘 그린블라트의 《주식시장을 이기는 작은 책》, 켈리 라이트의 《절대로! 배당은 거짓말하지 않는다》, 야마구치 요헤이의 《현명한 초보 투자자》, 워런 버핏의 《워런 버핏 바이블》, 하워드 막스의 《하워드 막스 투자와 마켓 사이클의 법칙》 등과 같은 대가의 책들과 실제 매매에 적용할 수 있는 미국 주식투자 관련 실용 서적들도 빠지지 않고 읽었다.

투자 관련 좋은 책들은 셀 수 없이 많고, 인터넷에 검색만 하면 위대한 투자자들의 투자 철학을 담은 책들을 쉽게 찾아볼 수 있다.

중요한 것은 책을 읽고 투자에 직접 적용해 자신의 것으로 만드는 일이다. 처음부터 어려운 책을 볼 필요도 없고, 읽다가 무슨 말인지 모르겠다 싶으면 중단해도 좋다. 여러 책을 접하다 보면 그 중 유독 이 사람이 쓴 책은 이해가 쉽고, 공감이 간다는 저자가 생기기 마련이다. 그 작가가 쓴 책들을 찾아 읽다 보면 본인의 사고도 깊어지게 될 것이다.

▊ 가치투자? 같이 투자!
정기모임 참여하기

실전 투자에 대한 경험이 쌓이면, 비슷한 관심을 가진 사람들과 만나 활동 범위를 넓히는 것이 필요하다. 생생한 투자 경험담을 가감 없이 접할 수 있고, 간접 경험을 통해 새로운 투자 아이디어를 얻을 수 있기 때문이다. 그리고 혼자서는 깨닫기 어려운 잘못된 투자 습관들을 개선할 수 있다.

투자 동료들을 만나는 가장 쉬운 방법은 온라인 활동이다. 블로그나 카페 등을 통해 투자 경험을 공유하면서 모임을 형성하기도 하고, 오프라인 특강을 통해 교류하기도 한다.

돈을 벌기 위해선 돈 버는 사람들이 있는 곳으로 가야 하듯, 투자를 하려면 투자에 관심 있는 이들이 모인 곳으로 가야 한다. 주식투자를 시작하던 초기엔 주변에 주식 이야기를 나눌 수 있는 사람이

거의 없었고, 매번 주식 얘기만 하냐는 핀잔을 듣기도 했다.

지금 제대로 하고 있는 것인지 피드백을 받을 수 없어 답답해질 때면 얘길 들어줄 사람이라도 있으면 좋겠다고 생각했다. 자연스레 관련 모임을 찾게 됐고, 블로그를 통해 알게 된 이들과 만나면서 커뮤니티를 형성해 정기모임을 갖게 됐다. 또한, 투자 이야기를 자주 하다 보니 직장에서도 투자에 관심 있는 타 부서 사람들과 교류하게 되어 한 달에 한 번씩 모여 투자 아이디어를 나눈다.

덕분에 실시간 공유되는 유용한 정보들을 빠르게 얻게 됐고, 관심 있는 산업 분야와 종목들에 대해 자유롭게 이야기하며 투자 방향을 구체화해나갈 수 있었다. 무엇보다 다양한 연령대의 다채로운 투자 이력을 가진 이들과 만나면서 큰 자극을 받았다. 모임에서 만난 동료들은 지금까지도 투자활동을 하는데 큰 버팀목이 되고 있다. 그들과 함께 어울리며 나 역시도 성장할 수 있었다. 이처럼 자신의 경험과 정보를 나누면서 함께할 수 있는 좋은 동료들을 만난다면 투자라는 긴 여정이 외롭지 않을 수 있다.

▦ 나만의 투자 습관 루틴을 만들려면

지독히도 공부에 관심이 없었던 중학생 시절, 성적이 좋지 못하다는 이유로 상처를 받았던 기억이 있다. 당시 느꼈던 창피함은 성적을 올려야겠다는 목표를 세운 계기가 됐다. 공부에 관심이 없었던 만큼 공부하는 방법도 몰랐기에 학교에서 돌아오면 그날 배운 모든 교과서를 암기해버렸다. 처음에는 몇 시간씩 걸렸지만, 매일 반복할수록 복습에 걸리는 시간이 점점 줄어들었다. 암기 시간이 줄어든 만큼 외운 내용들을 잊지 않기 위해 문제집을 풀며 확인해 나갔다. 놀랍게도 시험 전날 머릿속에 교과서가 페이지별로 그려지는 경험을 했고, 시험에 대한 공포도 사라졌다.

학창 시절 이야기를 다시 떠올린 이유는 그 과정이 투자 습관을 기른 과정과 같았기 때문이다. 매일 복습하는 습관이 형성되고, 노하우가 쌓이면서 점점 투입되는 시간도 줄어들었다. 또한, 효율적으로 학습 방법을 개선해 나갈 수 있을 만큼 성장했고, 공부에 자신감이 생겼다.

투자 습관도 마찬가지다. 처음에는 무엇이 주가에 영향을 미치는 중요한 신호인지 몰라 될 수 있는 한 많은 자료들을 확인했다. 하지만 이젠 시장의 흐름을 대표하는 주요 지표를 설정해 매일 확인하는 투자 루틴을 반복하면서 점점 시장을 보는 시간은 줄어들었다.

주가가 오르나 내리나 들여다보며 시간을 허비하는 대신, 읽어야 할 리포트와 책을 정해 매주 매달 꾸준히 읽어나갔다. 읽은 책과 보고서가 누적될수록 소음에 흔들리지 않게 됐고, 투자 동료들이 생기면서 투자 습관은 더욱 개선되고 탄탄해졌다.

결국, 투자는 본인이 해야 하는 일이기에 자신만의 투자 습관과 누적된 학습량이 없다면 주가가 조금이라도 빠지면 불안해 팔게 되고, 의미 없는 뉴스와 정보에 휘둘릴 수밖에 없다. 앞서 소개한 투자 습관 루틴을 실제 생활에 적용해 보고, 가장 효율적인 방법을 스스로 터득하면서 본인만의 투자 습관을 형성해나가길 바란다.

투자
습관
원칙
4

투자의 목표를 정한 후 이를 이루어 낼 수 있었던 것은

독한 의지력이나 대단한 열정을 소유했기 때문은 아니었다.

그저 지금 당장 할 수 있는 아주 작은 일이라도 찾아

투자 습관으로 만들어 반복했을 뿐이다.

어렵거나 거창하지 않았기에 자연스럽게 실행할 수 있었고,

작은 변화에 성취감을 느끼며 투자를 지속할 수 있었다.

사소한 것이라 할지라도 가능한 짧은 시간에

쉽게 실천할 수 있는 것부터 습관 들여 보자.

★ ★ ★ ★ ★

집중,
목표를 구체화하다

구체적인 목표를 설정하기

경제적 자유는 어떻게 이룰 수 있을까?

돈이 스스로 돈을 벌어다 주는 시스템을 구축하면 가능하다.

미국 주식을 시작하면서 받게 된 배당금에서 경제적 자유라는 목표를 실현할 구체적인 방법을 찾게 됐다. 미국 주식으로 매월 배당금을 받는 시스템을 구축해 두면 월세처럼 꾸준한 현금 흐름을 만들 수 있다.

주식투자는 건물처럼 때마다 수리나 리모델링을 할 필요가 없고, 임대 계약 시 발생할 수 있는 다양한 불안 요소가 없기에 더욱 매력적이었다. 따라서 미국 주식투자를 통해 금융 자산을 점진적으로 늘려 일정 자산에 도달하면 우량한 배당주로 포트폴리오를 변경해 안정적으로 배당을 받자는 목표를 세웠다.

목표를 좀 더 구체화하기 위해 매월 받고자 하는 배당금을 설정했다. 많으면 많을수록 좋겠지만 매월 400만 원, 연간 4,800만 원 실수령을 목표로 세웠다. 다만, 배당 소득에는 세금을 고려해야 하는데, 미국 주식의 배당금에는 15%의 배당세가 원천징수 된다. 또한, 연간 2,000만 원을 초과하는 배당소득이 발생했을 시 금융소득 종합과세 대상자가 된다. 이같이 발생될 세금을 고려해 실제 필요한 총액을 다음 표와 같이 산정했다.

종합소득세는 2,000만 원을 초과하는 금융소득에 대해 소득 구간에 따른 세율을 적용받는다. 다만, 이를 적용해 계산한 세액보다

■── 월 400만 원 배당금 실수령 기준 세금 계산

구분	세부내용		
목표	실수령금 월 400만 원, 년 4,800만 원 수령		
배당세	세전 5,650만 원 (5,650만 원 X 85% = 세후 4,802만 원)	원천징수 세율 15%	
종합소득세	과세표준	세율	누진 공제
	1,200만 원 이하	6%	-
	1,200만 원 초과 4,600만 원 이하	15%	108만 원
	4,600만 원 초과 8,800만 원 이하	24%	522만 원
	8,800만 원 초과 1억 5,000만 원 이하	35%	1,490만 원
	1억 5,000만 원 초과 3억 원 이하	38%	1,940만 원
	3억 원 초과 5억 원 이하	40%	2,540만 원
	5억 원 초과	42%	3,540만 원
	종합소득세 총액	추가 발생액 없음	
필요 총액	5,650만 원		

배당 수령 시 15%의 세율로 이미 원천 징수한 세액이 더 많을 경우 추가 납부할 세금은 없다. 참고로 금융소득 외에 다른 소득이 없다면 연간 금융소득 약 7,220만 원까지는 원천징수한 배당세 외 추가로 납부할 종합소득세는 없다.

금융소득 외에 다른 소득이 없다는 전제로 매월 400만 원의 배당금을 실수령하기 위해선 연간 5,650만 원의 배당금을 받아야 한다. 미국 주식마다 배당률은 모두 다르지만, 연평균 약 4%의 배당을 받을 수 있도록 포트폴리오를 구성한다면 필요한 순 금융 자산은 14억 1,250만 원이다. 즉, 14억 1,250만 원의 금융 자산이 있으면 배당률 4%의 배당주 보유 시 연간 5,650만 원의 배당금이 지급되며, 이중 세금을 제외하면 연간 약 4,800만 원의 실수령이 가능하다. 따라서 경제적 자유를 위해선 먼저 금융 자산 14억 1,250만 원 달성이 필요하다.

미국의 우량 배당주는 기업이 성장하는 만큼 배당을 증액시키기에 배당금은 지속적으로 상승 가능하며, 배당금 상승분과 매매를 통해 얻을 수 있는 차익은 모두 보너스로 간주했다.

기간별 실천 계획 마련하기

순 금융 자산 14억 1,250만 원 달성이라는 목표가 생겼으니 이젠 매년, 매월 얼마씩, 얼마나 오래 투자를 해야 하는지 구체적인 기간별 실천 계획을 마련했다.

먼저 매달 평균적으로 투자 가능한 금액부터 확인하는 것이 필요하다. 한 달 세후 순 수입에서 고정비를 포함한 지출 총액을 뺀 나머지를 투자금으로 확정했고, 목표 투자 수익률은 연간 25%로 설정했다.

대표지수 추종 ETF인 QQQ(나스닥)의 지난 10년간 연평균 수익률은 22%이며, SPY(S&P500)는 17%인 점을 감안해 이보다 조금 높은 25%를 목표 수익률로 설정했다.

다음 표는 현재 5,000만 원의 목돈이 있고, 월평균 300만 원씩 투자해 연간 25%의 수익률을 달성했을 때 10년 후 금융 자산을 계산한 것이다.

■── 월 300만 원씩 투자, 연 25% 수익 시 10년 후 예상 금융 자산

현재	1년 후	2년 후	3년 후	4년 후	5년 후	6년 후	7년 후	8년 후	9년 후	10년 후
50.0	62.5	78.1	97.7	122.1	152.6	190.7	238.4	298.0	372.5	465.7
	36.0	45.0	56.3	70.3	87.9	109.9	137.3	171.7	214.6	268.2
		36.7	45.9	57.4	71.7	89.6	112.1	140.1	175.1	218.9
			37.5	46.8	58.5	73.2	91.4	114.3	142.9	178.6
				38.2	47.8	59.7	74.6	93.3	116.6	145.7
					39.0	48.7	60.9	76.1	95.1	118.9
						39.7	49.7	62.1	77.6	97.0
							40.5	50.7	63.3	79.2
								41.4	51.7	64.6
									42.2	52.7
										43.0
총합	98.5	159.8	237.3	334.8	457.4	611.5	805.0	1,047.6	1,351.6	1,732.5

(단위 : 백만 원)

목돈 5,000만 원은 연 25% 수익 시 1년 후 6,250만 원이 되며, 6,250만 원은 다시 1년 후 연 25% 수익으로 약 7,810만 원이 된다. 이처럼 복리로 매년 25%씩 꾸준히 수익을 낸다면 5,000만 원은 10년 후 약 4억 6,570만 원으로 늘어난다.

매월 근로소득 중 300만 원씩 모아 1년간 총 3,600만 원을 투자해 다음 해부터 매년 25%씩 수익을 올리면 10년 뒤 약 2억 6,820만 원이 된다. 첫해 월급 중 300만 원씩 연간 총 3,600만 원을 투자했다면 매해 2%씩 투자금을 증액시켜 다음 해는 연간 3,670만 원(월 306만 원), 그다음 해는 연간 3,750만 원(월 312만 원)으로 투자하는 금액도 늘려나간다. 매해 투자한 근로소득도 연평균 25%의 수익을 낸다면 지금부터 10년 내 목표한 바를 달성할 수 있다는 계획이 나왔다. 또한, 계획보다 높은 수익률을 달성하거나 매월 더 많은 투자금을 투입할 수 있다면 그만큼 빨리 목표를 달성할 수 있다.

이러한 수익이 가능하다면 10년간 투입된 순 자산은 4억 4,420만 원 규모이며, 이는 10년 뒤 약 17억 3,250만 원으로 4배가량 상승하게 된다. 장기적으로 우상향하는 미국 주식에 시간이 누적되면 복리의 마법이 발생 된다.

이처럼 기간별로 구체적인 실천 계획을 작성해두면 실행력을 강화시킬 수 있고, 매년 수치를 확인하며 최종 목표 성취 시기까지 얼마나 남았는지 시간을 가늠할 수 있다.

또한 수치화된 계획은 목표를 더 빠르게 이루고자 하는 자극이 되고, 시기별 목표 달성에 따른 성취감은 다음 목표를 향한 원동력이 된다. '지금 이걸 사는 것보다 애플 주식을 1주 더 매수하는 게 낫지 않을까?' 하는 고민을 하며 소비 습관도 개선되고, 쇼핑만큼이나 주식투자에도 재미가 붙게 된다.

워런 버핏은 50년 넘게 연평균 20% 이상 수익률을 기록하며 100조 원(약 1,000억 달러)을 모은 세계 최고 부자 중 한 명이 됐다. 중요한 것은 투자를 지속하며, 잃지 않고 수익을 내는 것이다.

연간 25%의 수익률을 안정적으로 달성하기 위한 구체적인 실전 매매 방법은 다음 장에서 자세히 다루도록 한다.

파이프라인을 확장하기

월 300만 원 외 100만 원의 추가 소득을 만들어 투자금을 늘리면 더 빨리 목표를 달성할 수 있다. 이를 위해선 파이프라인을 확장하는 것이 필요하다. 새로운 파이프라인은 투자금 증가에 도움이 될 뿐만 아니라 은퇴 후 배당금 이외의 또 다른 안정적인 현금 흐름이 될 수 있다.

미국 주식투자를 통해서도 다양한 방식으로 추가 소득을 만들 수 있다. 배당금을 재투자하는 방식으로 투자금을 확보할 수 있고, 단기매매로 차익을 얻을 수 있다. 하지만 이 외에도 새로운 씨앗을 뿌려 추가 소득을 만드는 것이 필요하다.

근로소득, 미국 주식을 통한 투자 수익 외에 추가 소득을 만들 수 있는 방법으로는 부동산, 사업, 그리고 나만의 콘텐츠 만들기 이렇게 세 가지가 있다.

부동산 투자는 월세 수익을 만들 수 있고, 사업은 스마트스토어 등을 통해 새로운 소득을 창출할 수 있다. 이중 어떤 파이프라인을 선택하느냐는 본인이 결정하기 나름이다. 흥미를 갖고 오래도록 지속할 방법이야말로 최상의 경로라 판단했기에 나는 콘텐츠 만들기를 선택했다.

가장 많은 관심과 시간을 쏟고 있는 분야는 미국 주식이고, 투자 목적과 과정, 결과 등을 정리해 남기고 싶다는 욕구도 있었기에 이를 콘텐츠 소재로 삼았다. 투자 기록을 관리하는 측면에서도 의미가 있고, 나의 경험담이 누군가에겐 타산지석 혹은 청출어람의 계기가 될 수 있지 않을까 하는 마음도 있었기 때문이다.

콘텐츠 소재를 정한 뒤 구체적인 계획을 세우기 시작했다. 우선 전체적인 주제를 잡고, 목차를 만들어 목차별 어떤 내용을 담을지 간략히 정리했다. 이 내용을 바탕으로 꾸준히 글을 쓰고, 이후 어느 정도 콘텐츠가 쌓이면 관련 공모전이나 출판사에 투고하는 방법을 찾아보자 생각했고, 글 내용을 요약해 유튜브로 제작하는 방법도 고려했다.

글을 지속적으로 쓰기 위해선 스스로 정한 마감 일정이 필요했다. 에세이를 기록하고 나누는 플랫폼에 매주 한 편씩 글을 올리는 것을 목표로 설정하고, 해당 플랫폼에 글을 쓸 수 있는 자격을 신청해 승인 메일을 받았다. 구성해둔 주제를 바탕으로 매주 한 편씩 글을 올리기 시작했고, 미국 주식 관련 돌발성 이슈가 있을 땐 그때그때 해당 주제를 다루기도 했다. 회사 일에 지칠 때면 매주 글을 쓰는 것이 부담되기도 했지만, 계획을 세운 만큼 스스로 정한 약속과 마감을 지켜나갔다.

매주 글을 쓰는 한편, 공저자로 참여하게 된 책 원고를 다듬고 정리하는 과정을 함께했다. 경제적 자유를 꿈꾸며 모인 실전 투자자 모임에서 함께 책을 써보자는 이야기가 시작됐고, 투자 모임에서 좋은 사람들을 만나 책까지 함께 내며 긍정적인 자극도 받았다.

매주 한 편씩 글쓰기 목표를 6개월간 실천한 결과, 드디어 출간 의뢰 연락을 받아 이렇게 출판 계약까지 이어졌다.

콘텐츠로 새로운 파이프라인을 만들어보자는 목표는 출판이라는 투잡으로 연결됐다. 그리고 콘텐츠 수익을 지속하기 위해 또 다른 출판을 기획하고, 매체를 영상으로 확장해 유튜브 채널을 만드는 등 다음 단계를 구상 중이다.

작은 목표와 실천이 모여 성과를 이루며, 그 과정에서 느낀 성취감은 더 큰 목표로 도약하는 발판이 된다. 근로소득, 주식투자 수익이 형성되면 그다음 단계로 스스로 파이프라인을 확장해보자.

투자
습관
원칙
5

전세금과 같이 용도가 정해져 있는 자금이나

기한 내에 반납해야 할 돈으로 투자를 한다면

투자가 급해지고 불안해질 수 있다.

또, 매도하고 싶지 않은 순간에

어쩔 수 없이 돈을 회수해야 하는 상황이 발생할 수도 있다.

따라서 투자를 시작하기 앞서

총 투자 기간과 투입할 자금 규모에 대한 계획부터 세워야 한다.

그리고 투자금은 계획한 기간 동안

투자에 활용해도 무방한

여유 자금으로 진행하는 것이 필요하다.

★★★★★

기록,
실행하고 점검하다

목표한 바를 실행하고 점검하는 과정에는 반드시 기록이 필요하다. 기록을 바탕으로 경험을 평가하고, 성찰하는 과정을 통해 성공 사례는 강화하고, 잘못된 습관은 개선해 나갈 수 있기 때문이다. 성공했든 실패했든 자신만의 경험을 기록해두는 것은 그 자체로 중요한 데이터이며, 누적된 데이터를 분석해 투자에 활용한다면 자신만의 경쟁력을 키울 수 있다.

▌ 관심 기업 정리 노트

리포트와 기사들을 참고해 관심 기업 리스트를 만들고, 관심을 두게 된 이유와 기업의 주요 이슈 등을 투자 아이디어로 작성해보자. 전문가처럼 거창한 종목 분석이 아니더라도 간단히 왜 이 종목을 주목하게 됐는지 나만의 생각을 정리해 보는 것이다.

무엇을 하는 기업이며, 기본적인 매출 구성과 기업의 독점성 및

관심 기업 정리 노트 예

종목(티커)	퀄컴(QCOM)	작성일	2019. 3. 1
기업 소개	모바일 시장 절대 강자, 미국 통신 반도체 전문기업.		
이슈/이벤트	5G 도입 수혜주, 과거 퀄컴 실적은 핸드폰 세대교체 때마다 구조적으로 성장해 옴.		
Check 1. 매출 구성	통신 반도체 판매: 75% 특허, 로열티: 24%		
Check 2. 독점성	통신 반도체 시장 점유율 1위, 무선 통신 분야 필수 특허 다수 보유.		
Check 3. 확장성	통신칩 기술 고도화로 칩 평균 판매 단가 상승, 스마트폰 가격 상승에 따른 스마트폰 도매가에 비례한 로열티 증가.		
리스크	2017년부터 이어온 애플과 로열티 소송.		
배당 유무	○	배당률 (5년 평균 배당률)	4.5% (3.5%)
최종 평가	애플과 소송으로 오랜 기간 주가 횡보 중, 악재 선반영. 최악의 상황으로 소송에서 패해 특허 수익 감소하더라도 5G폰 시장 개화 시 통신 반도체 칩 단가 상승으로 수익 증가 가능. 5년 평균 배당률 상회, 주가 저렴.		

확장성 여부를 작성해보면 정말 매수해도 좋을 기업인지 판단할 수 있다. 기업들의 최근 이슈와 리스크까지 정리하면 스스로 매수매도 타이밍을 잡을 수 있다.

관심 기업 노트가 축적될수록 정리한 기업의 종류가 많아지게 된다. 이러한 기업을 산업별로 분류해 CNBC 앱에 등록해 두고 업종별 대장주의 흐름을 파악하는데 활용할 수 있다.

95쪽의 표는 2019년 3월 초 퀄컴에 대한 투자 아이디어를 기록한 것이다. 이러한 기록은 실제 투자로 이어지는 계기가 됐다.

미국 주식투자를 처음 시작하면서 한 번쯤 들어봤던 글로벌 기업들은 무엇으로 어떻게 돈을 버는지 노트에 정리했고, 짧은 내용이라도 반드시 기록으로 남겼다. 해당 기업의 이슈가 발생하면 내용을 업데이트해 지속적으로 관리했고, 이러한 기록들은 나만의 데이터가 되어 투자 판단의 중요한 근거 자료가 되었다.

특히 기업의 급격한 주가 변동이 생겼을 때 용이하게 활용됐다. 정리 노트를 검토해 해당 기업의 주가 하락 원인이 회사의 독점성과 확장성을 위협할 중대한 사항인지, 아니면 과도한 시장 반응에 따른 매수의 기회인지 여부를 빠르게 파악할 수 있었기 때문이다.

⋮ 매매일지 작성 습관

관심 기업 정리 노트와 함께 매매일지를 작성해보자. 매매일지를 작성해두면 자신만의 매수, 매도 기준을 만드는 데 도움이 된다. 매매일지의 매수 사유를 점검하며, 그 이유가 사라지지 않는 한 장기

매매일지 예

종목(티커)	퀄컴(QCOM)	매수 날짜	2019. 3. 7~3.11
		매수가	54.87달러
매수 사유	5G 도입에 따른 최대 수혜주, 5G 스마트폰 확산 초기 구조적 성장 가능, 주가 저렴: 배당률 관점에서 5년 평균 배당률 상회,		
주요 일정/이벤트	2019년 2분기 실적 발표: 2019. 5. 1 애플과의 소송 결과: 일정 미정, 관련 기사 체크 지속 필요,		
이럴 땐 매도하자	5G폰에 대한 시장 기대감으로 수익 50% 이상 달성 시(익절), 경기 침체에 따른 5G폰 생산 지연, 이에 따른 배당 중단 등과 같 은 기업의 매출 타격 가시화될 시(손절),		
수익률	52.3%	매도 날짜	2019. 4. 22~4. 30
		매도가	83.71달러
매도 사유	애플과 퀄컴 소송전 마무리로 애플에 퀄컴 제품 공급 합의, 하루 만에 주가 20% 급상승, 투자 아이디어가 훼손된 것은 아니지만 단기 급등에 따른 수익 실현,		
정리 한 마디	관심 기업 정리 시 생각해 두었던 최악의 상황이 발생하지 않 았고, 오히려 최선의 상황이 발생 됨, 주가 급등 후에는 조정이 있을 수 있어 일단 50% 이상 수익 확보, 투자 아이디어는 아직 살아 있으므로 주가 급등에 따른 조정을 지켜본 후 재진입 기회를 노리자,		

보유할 수 있고, 매도 전 기업 정리 노트와 매매일지를 차분히 검토해 보면서 충동적인 매매를 자제할 수 있기 때문이다.

97쪽의 표는 관심 기업으로 정리해 뒀던 퀄컴에 대한 투자 아이디어를 토대로 실제 매매 결과를 기록한 매매일지이다. 매수 시점의 매수가와 실제 매도가를 적어 최종 수익률을 분석하고, 왜 매수를 했는지, 실제로 어떤 이유로 매도하게 되었는지 작성해 비교하며 투자의 성공 혹은 실패 원인을 분석했다.

퀄컴은 단기간 수익을 올렸던 사례였는데, 매도하기 전까지 나중에 주가가 더 오르면 어쩌나 하는 고민도 있었다. 하지만 주가의 급격한 상승 후에는 조정이 있을 수 있기에 수익을 확보하는 것이 필요하다고 판단했다. 실제로 주식 매도 후 퀄컴의 주가는 한동안 박스권에 갇혀 과열을 식히는 조정의 시간을 가졌다. 이러한 매매 사례를 통해 보유한 주식의 급격한 상승이 발생했을 시에는 수익을 확정하는 기회로 활용하고, 이미 급등한 주식은 신규 매수를 자제하며 다른 기회를 찾는 습관을 기르게 됐다.

매매일지 작성 초기에는 주가가 갑자기 하락해 불안해져서 팔았다거나, 요즘 뜨고 있어 샀다 망했다는 내용들도 있다. 언론에서 나오는 안 좋은 뉴스와 소음에 휩싸여 공포에 질린 나머지 손절을 하고 나면 어느 순간 주가는 다시 올라 후회를 했던 경험, 잘 모르는 기업을 급하게 쫓아 샀다 높은 주가에 물려 결국은 손절하게 된 이야기들이 고스란히 남아있다. 이러한 습관을 바꿀 수 있었던 것도 매매일지 덕분이었다.

주가의 등락에 따라 무서워 매도하던 습관이 '좋은 주식이라면 하락이 기회'라는 관점으로 자연스레 변화할 수 있었다. 남들이 아무리 좋다 하는 기업일지라도 내가 잘 모르는 분야라면 투자를 지양하게 되면서 투자 성공률도 높아졌다.

매매에 성공한 기록이라면 이를 더욱 발전시켜 다음 투자에 적용시킬 수 있고, 실패의 경험을 정리해두면 추후 같은 실수를 반복하지 않을 수 있다. 이처럼 꾸준한 기록은 투자 과정을 반성하고, 자신만의 투자 관점과 전략을 터득할 기회를 제공한다.

투자
습관
원칙
6

투자의 과정에서 성장하기 위해선

실행 후 반드시 자신의 행동을 보완하고,

개선하는 단계를 거쳐야 한다.

기록은 과거의 자신을 평가할 수 있는 객관적인 자료이며,

미래의 합리적인 의사결정을 위한 판단 근거가 된다.

중요한 것은 기록의 필요성을 인식하고,

꾸준히 기록을 남기는 습관을 기르는 것이다.

★ ★ ★ ★ ★

평정,
마음을 다스리다

투자는 운동과 같다. 매일 몸을 규칙적으로 움직여 운동을 지속하다 보면 어느덧 근육이 생기고 튼튼한 체력을 갖게 된다. 운동을 습관으로 만드는 데 겪었던 수많은 시행착오는 자신만의 비법과 경쟁력이 되고, 운동을 통해 얻게 된 탄탄한 근력은 건강한 삶의 버팀목이 된다.

근육이 하루아침에 생길 수 없듯 투자도 한 번에 일확천금을 얻을 순 없다. 착실하게 투자의 루틴을 유지하며 경험을 쌓고, 실패와 성공을 반복하며 얻게 된 교훈은 나만의 투자 노하우가 되어 경제적 자유를 향한 길을 비추는 등대가 되어준다.

결국, 투자와 운동 모두 '꾸준히' 하는 것이 중요하다. 그리고 이러한 지속성을 유지하는 원동력은 바로 평정심이다. 원하는 결과가 바로 가시화되지 않아도 조급해하거나 포기하지 않고, 설령 실패하더라도 두려움을 극복하며 계속 도전하기 위해선 스스로 평정심을 유지할 수 있어야 한다. 투자의 과정에서 겪게 되는 흔들리는 마음을 다잡기 위해 다음과 같은 사항을 항상 유념하자.

FOMO에서 벗어나기, 남의 수익과 비교하지 말자

최근 저금리와 코로나19 극복 과정에서 풀린 풍부한 유동성이 주식시장으로 흘러들어 주가를 끌어 올렸고, 개인투자자의 주식시장 참여도 크게 증가했다. 특히 '가만있다가 나만 상승장에서 소외되는 것 아니냐'며 두려워하는 포모FOMO, Fearing Of Missing Out 증후군의 영향으로 '영끌'과 '빚투'로 주식시장에 뛰어드는 투자자들도 늘고 있다. 각종 인터넷 커뮤니티나 SNS의 수익 인증글을 보면 당장이라도 쫓아사야 할 것 같고, 더 늦으면 기회가 오지 않을 것 같아 조급해진다.

물론 투자에 성공한 이들이 어떻게 돈을 벌었는지 그 과정과 전략에 관심을 두고 내 투자에 적용해 보는 것은 중요하다. 하지만, 과도하게 남과 비교하고 부러움과 상대적 박탈감에 젖어 평정심을 잃게 되면, 포트폴리오는 자주 급하게 바뀌게 되고 수익률은 점점 더 나빠질 수밖에 없다.

입사 5년 차 때의 일이다. 직장 내 다른 팀 사원이 투자에 성공해 회사를 떠나게 됐다는 이야기를 들었다. 30대 중반의 나이에 주식으로 대박을 쳐 건물을 매입해 월세 등으로 안정적인 파이프라인을 만들고 퇴직하게 됐다는 소식은 나는 그동안 무엇을 한 것인가 라는 현타로 이어졌다.

친한 사이도 아니었지만 헛헛함을 느꼈고, 한편으로는 '아니, 나라고 못 할까' 하는 심정에 남들이 추천하는 주식 종목들을 급하게 사들였다. 당연히 수익률이 좋을 이유가 없었고, 포털사이트의 종목 게시판 글을 보며 눈치를 살피는 시간만 길어졌다. 막연하게 '이건 아니다'라는 생각에 퇴사 전 그와 가깝게 지냈던 동료들을 찾아 도대체 그는 어떻게 대박을 친 것인지 투자 비법을 물었다.

한결같이 하는 이야기는 그 친구의 독서량이 어마어마해 사내 도서관의 투자 관련 책은 대부분 그가 신청해서 구입하게 된 것이라고 했다. 기업 실적보고서를 읽으며 궁금한 사항이 있으면 해당 기업 IR 담당자에게 전화를 걸어 확인하고, 직접 여러 기업의 탐방도 다녔다고 한다. 관심 있는 기업이 베트남에 진출해 반응이 좋다는 소식이 들리면 휴가를 베트남으로 떠나 그 지역 대표 마트와 상점을 돌며 정말 해당 제품이 사람들 눈에 잘 띄는 곳에 배치되어 있는지, 찾는 사람들은 많은지 확인을 해봤다고 한다. 그의 휴가는 대부분 기업 탐방이나 투자를 위한 목적으로 사용됐고, 탐방을 다녀오면 내용을 보고서로 정리해 궁금해 하는 이들에게 보여주며 의견을 물었다. 자신이 투자한 기업에 대해선 쉽고 간결하게 투자 목적과 언제까지 투자할지 설명해줬고, 투자에 관심 있는 이들에겐 꼭 읽어야 하는 책들을 추천해줬다.

운이 좋은 것만 같았던 그의 투자 과정은 사실 내가 알지 못했던 긴 노력의 시간이 있었다. 인내심을 갖고 천천히 올라온 과정은 보지 못한 채 '화려한 결과'에만 집중했던 거다. 그가 얼마나 성실하게 투자에 임했는지 듣고 난 뒤 부러움과 헛헛함은 나에 대한 반성으로 바뀌었고, 나 또한 무언가 준비를 하고 투자에 임해야 한다는 다짐을 하는 계기가 됐다.

운동이 남에게 잘 보이기 위한 것이 아니라 나의 건강을 위해 하는 것이듯, 투자 또한 나의 행복한 삶을 위한 것이다. 남과 비교하는 에너지는 자신을 발전시키는데 투입하고, 스스로 결정한 투자를 한다는 마음으로 신중하게 투자에 임하길 바란다. 주식시장이 때론 냉정하다고 느껴지지만 그럼에도 주식투자를 좋아하는 이유는 항상 기회를 주기 때문이다. 그 기회는 한번 놓쳤다고 끝나는 것이 아니며 주기적으로 계속 찾아온다. 그리고 자신만의 투자 원칙을 갖춘 이들이라면 언제든지 그 기회를 잡을 수 있다.

▌ 껄무새는 이제 그만, 내 판단이 내 실력이다

흔히 "그때 샀었어야 했는데", "그때 팔지 말았어야 했는데", "더 샀어야 했는데", "팔았어야 했는데"라고 한다. 오죽하면 '~걸'이라며 과거를 후회하는 투자자들을 일컬어 '껄무새('~걸'을 앵무새처럼 반복한다는 뜻)'라고 하는 신조어까지 나왔을까. 괴로움에 더는 못 버티겠다며 손절한 주식이 다음날 희소식과 함께 폭등하거나, 상승세가 지속될 거라는 기대와 희망만 가득했던 주식이 내가 매수한 직후부터는 거짓말처럼 급락하기 시작한다면 아무리 강철 멘탈이라도 버티기 힘들다.

주식을 하면서 가장 힘들었던 순간은 과거의 선택에 집착하며 자책할 때였다. 이는 더 잘하고 싶은 마음이 강했기 때문이기도 하다. 하지만, 이러한 자책감이 다음에 더 높은 수익을 올려야 한다는 강박으로 이어진다면 같은 실수를 반복할 수밖에 없다. 과거의 후회에서 벗어나기 위해선 실수를 인식하고, 행동을 바꿔야 한다.

안 팔고 조금만 더 가지고 있었으면 고점이었는데, 어제가 저점이었는데 왜 보기만 하고 안 샀을까라는 생각은 누구나 한다. 하지만 숱한 후회와 실망 속에서 정작 내가 깨달은 것은 계속해서 변화하는 주가의 고점과 저점을 정확히 예측하기란 불가능에 가깝다는 것이었다. 완벽한 저점에서 사서 고점에서 파는 것은 현실적으로 불가능하다는 것을 인식한 이후부터는 매수, 매도 방법을 바꿨다. 투자금을 나눠 일정기간 동안 분할 매수해 평균 단가를 낮췄고, 분할 매도해 최고점은 아니더라도 매도 단가를 높이며 안정성과 수익률을 동시에 노릴 수 있게 됐다.

또한, 애초에 내가 팔고 난 후 주가가 오르는 것을 보며 힘들어해선 안 된다는 것을 깨달았다. 오히려 이 추세가 언제까지 이어질 수 있는지 객관적으로 평가하고, 주가가 더 높이 오를 것이라고 판단된다면 이미 매도를 했을지라도 다시 더 높은 가격에 살 수 있어야 한다. 오늘 조금 빠졌으니 더 살까, 조금 올랐으니 더 팔까 등과 같은 오늘 내일의 주가가 아니라 시장의 판단과 나의 선택을 비교해 성공과 실패를 복기하고, 이를 루틴화 하는 것에 집중하는 것이 필요하다.

그때 생각만 하고 실제 투자로 실행하지 못했던 것은 사실 확신이 없었기 때문이며, 이는 자신의 투자 실력에 대한 믿음이 부족하다는 반증이다. 따라서 '그때 정말 ~하려고 했는데'라는 후회 대신 사실은 내 투자 실력이 그쯤이라는 것을 인정하는 것이 필요하다.

내 판단이 내 투자 실력이다.

내 실력의 크기를 인정하고, 과거를 후회하고 자책하기보단 실력을 높여, 더 많은 기회를 잡기 위한 노력에 집중해야 한다. 그러니 미련과 아쉬움보다는 당장이라도 투자 공부를 하고, 작은 변화를 실천하며, 수익을 얻길 바란다.

뇌동매매 금지, 마음 편한 투자를 하자

몇 년 전 회사 근무 시간 중 전화를 걸어온 친구는 다급한 목소리로 "○○○ 주식 어떤지 봐 달라"라고 이야기했다. 생전 처음 들어

보는 주식이기에 뭐 하는 기업이냐 물었더니 본인도 잘 모른다며, 가까운 지인이 올해 중국 수출이 확정되면 2배는 그냥 간다는 말에 5,000만 원을 투자했다고 말했다. 주가는 피뢰침처럼 떨어지고 있었고, 무슨 회사인지도 모르는데 투자한 것 자체가 이미 위험한 것 아니냐는 말 이외엔 해줄 말이 없었다. 친구는 "내가 미쳤다"를 몇 번이나 되뇌고는 전화를 끊었다. 5,000만 원은 누구에게나 큰돈이지만 그 친구에겐 정말 '피 같은' 돈이었다. 주말이면 남들 마다하는 지방 출장을 다니고, 쉴 새 없이 몸을 움직여 악착같이 번 돈이었다. 그렇게 열심히 모아도 지금 받을 수 있는 대출로는 도저히 서울 시내에서 내 집을 마련하기 어렵고, 이번에 전세 만기로 또 이사를 가야 한다며 힘들어하던 모습을 봤던 터라 마음이 먹먹했다. 심리적 압박감과 조바심이 야무진 내 친구를 저렇게 만들었다니 너무나 가슴이 아팠다.

작은 물건을 하나 사더라도 성능을 꼼꼼히 따져보며 최저가를 검색해 알뜰하게 구매하면서, 왜 유독 주식은 내가 아닌 남을 따라 하는 '뇌동매매'를 하는 걸까?

투자를 잘하고 싶은데 무엇부터 시작해야 좋을지 모르겠다는 막막함과 남들의 수익이 부러운 만큼 감정적 보상으로 급하게 결과를 보려는 심리 때문일 것이다.

자신의 판단이 아닌 타인의 의견에 따라 매매를 했을 때 발생되는 가장 큰 문제는 주식이 상승하거나 하락했을 때 그 이유를 알 수 없다는 데 있다. 상승을 해도 언제까지 오를지 몰라 초조하고, 하락을 하면 지금 손절을 해야 할지 더 기다려야 할지 알 수 없어 불안하다.

내가 힘들게 번 돈을 앞으로 어찌 될지도 모르는 주식에 투자해 잠 못 드는 시간을 보내야 할까? 모르는 주식에 투자해 돈을 벌고자 하는 것은 내 돈을 운에 맡기는 격이다. 세상에 넘쳐나는 많은 주식 중에 굳이 내가 잘 알지도 못하는 곳에 투자해 실패 확률을 높일 필요는 없다.

투자의 선택과 책임은 오롯이 나에게 있다. 매수 사유를 검증할 수 있는 종목에 투자했다면 말 그대로 물리더라도 걱정이 없다. 누군가의 정보가 진짜인지 소음인지 판단할 수 있을뿐더러 시장의 조정에 주가가 요동친다 한들 나의 하루까지 흔들리진 않는다.

시장은 내가 컨트롤 할 수 있는 영역이 아니다. 투자 과정에서 컨트롤 할 수 있는 유일한 것은 오직 나 자신뿐이다. 그러니 내 소중한 자산을 남의 판단에 맡기지 말고 스스로 매수, 매도를 결정할 수 있는 주식에 투자하자. 그리고 이러한 '마음 편한 투자'만이 상승과 조정이 반복되며 빠르게 변화하는 주식시장에서 일희일비하지 않고, 지속적인 투자를 가능하게 해준다.

투자
습관
원칙
7

투자에 있어서 남과 경쟁하는 것은 불행의 시작이다.

각자의 경험과 성향, 습관과 경제력 등이 모두 다르기 때문에

투자 성과 또한 같을 수 없다.

투자 습관을 반복하다 보면 분명 지루하고 지치는 시간이 찾아온다.

그럴 때면 남이 아닌, 어제의 나와 비교하자.

어제보다 조금이라도 더 성장했다면

목표에 그만큼 가까이 다가간 것이다.

투자 과정에서 유일한 경쟁 상대는 바로 나 자신분이다.

투자 습관 근육 더하기

미국 주식 실전 매매 팁

투자 습관으로 기초 체력을 다졌다면 이제 종목을 고르고, 매수 매도 타이밍을 잡는
실전 매매 팁을 통해 투자 습관에 근육을 더해보자.

투자 아이디어 잡기, 무엇을 살까?

▌ 생활 속에서 투자 연결하기, 보텀업 전략

보텀업Bottom-up 전략은 낮은 레벨에서 여러 정보를 모아 쌓아올려가며 결괏값을 찾아내는 방식이다. 이를 투자에 적용하여 내 주변과 실생활 속에서 감지되는 변화와 트렌드를 조합해 투자 종목을 발굴할 수 있다.

미국 주식을 시작하면서 처음 읽었던 책은 피터 린치의 《전설로 떠나는 월가의 영웅》이었다. 저자인 피터 린치는 마젤란 펀드를 13년간 운용하며 펀드 규모를 660배로 키워낸 월가의 전설적 인물이다. 은퇴 후 저술한 이 책에는 투자자로서 기본기를 익힐 수 있는 유익한 이야기들이 많은데, 그중 가장 인상적이었던 부분은 생활 속에서 투자 아이디어를 찾은 사례들이었다.

아침마다 직장인들이 던킨도너츠에 들려 도넛과 커피를 사가는 것을 보고 던킨도너츠 기업을 분석하고, 부인이 선호하는 스타킹을 만드는 회사를 투자 대상으로 검토하는 등 사람들이 무엇을 좋아하는지 관심을 두고 투자에 연결시켰다.

피터 린치와 같은 방식으로 나와 내 지인들이 돈을 어디에 쓰고 있는지, 어디에 더 많이 쓰게 될지 생각해 보면서 쉽게 투자에 접근해 보자.

_____ 일상 속 기업 찾기

오늘 하루를 한 번 돌아보자. 나는 어디에 돈을 썼을까?

114쪽 표는 누구에게나 익숙한 일상에 기업을 매치해 투자 기업을 찾아본 것이다. 우리는 이런 일상을 보내면서 해당 기업에 기꺼이 돈을 지불하고 있다. 굳이 기업을 발굴해내려고 노력하지 않아도, 생활 속에서 익숙한 기업들에 관심을 갖고 투자 아이디어로 접근해 볼 수 있다.

무엇보다 내가 직접 사용하는 상품이나 서비스이다 보니 제품의 변화가 생겼을 때 금방 그 흐름을 읽어낼 수 있다.

예를 들어 넷플릭스 이용 시간이 줄어들거나, 에스티로더 대신

나의 하루에서 투자 기업 찾기

시간	일상	기업(티커)
07:00	종일 나와 함께 하는 스마트폰에서 알람이 울린다.	애플(AAPL)
	샤워 후 양치를 하고 출근 준비를 한다.	P&G(PG)
	택시를 불러 회사로 향하는 길.	우버(UBER)
	도로에 전기차가 많이 보인다.	테슬라(TSLA)
	스마트폰으로 인스타그램을 보다 보니 회사에 도착했다.	메타(FB)
09:00	업무 전 카페인이 필요해, 커피 한 잔 사서 사무실로 향한다.	스타벅스(SBUX)
	오후에 있을 미팅에 쓸 PT자료를 만든다.	마이크로소프트 (MSFT)
	구글 드라이브에 자료를 올려 팀원들과 공유해야겠군.	구글(GOOGL)
12:00	점심을 먹고 벤모로 더치페이 할 돈을 동료에게 보냈다.	페이팔(PYPL)
	해외 개발자와 줌으로 오후 미팅을 마친 뒤.	줌(ZM)
	목이 탄다, 시원한 탄산수를 한 잔 마셨다.	코카콜라(KO)
18:00	저녁은 배달시켜 먹어야지.	도어대시(DASH)
	저녁 식사 후 강아지와 함께 공원에서 조깅을 했다.	나이키(NKE)
	아 참, 강아지 사료가 떨어졌네!	츄이(CHWY)
	주말 캠핑용품은 아마존에서 주문해 둬야겠어.	아마존(AMZN)
20:00	넷플릭스에서 드라마 한 편을 본 후.	넷플릭스(NFLX)
	감기 기운이 있어 잠들기 전 타이레놀을 하나 먹었다.	존슨앤존슨(JNJ)
23:00	피부가 건조하니 오늘은 수분 크림을 듬뿍 바르고 자야지.	에스티로더(EL)

다른 화장품으로 브랜드를 바꾸게 된다면 해당 기업의 주식들은 더이상 내게 매력적으로 다가오지 않을 것이다.

반면 나이키에서 새로 나온 제품이 마음에 들어 매장에 방문했더니 재고가 없어 며칠 기다려야 한다면 해당 주식은 앞으로도 주가가 좋겠다는 생각이 들 것이다.

● 배짱 좋게 구독료를 올리는 기업

몇 년 전 전산팀 선배와 점심을 먹던 중 소프트웨어 구입비용이 너무 늘어 예산 때문에 고민이라는 이야기를 들었다.

고민의 주체는 바로 어도비(ADBE) 때문이었는데, 예전엔 프로그램을 한 번 구입하면 업데이트 된 버전이 나오기 전까지 계속 사용할 수 있어 예산상 큰 부담이 없었다고 했다. 하지만 어도비가 멤버십 구독 서비스를 도입하면서 매년 꾸준히 구독료를 받아갔고, 이제 그 구독료를 배짱 좋게 인상했다는 거다. 문제는 어도비를 대체할만한 프로그램이 없어 다른 예산을 줄이더라도 어도비 구독료는 지출해야 한다는 것이었다.

어도비는 PDF 뷰어인 아크로뱃 리더와 사진 및 이미지 편집 프로그램인 포토샵, 일러스트레이터 등으로 유명한 기업이다. 특히 포토샵이나 일러스트레이터는 콘텐츠 디자인 도구의 대명사로 사용될 만큼 디자인 소프트웨어 시장에선 독보적인 존재다. 여기에 유튜브 등을 통한 동영상 콘텐츠 이용자가 폭발적으로 증가하

일상 속에서 찾은 기업 분석 예

일상 속 기업 찾기(티커)	어도비(ADBE)
어떤 기업?	아크로뱃 리더, 포토샵, 일러스트레이터, 프리미어 등으로 유명한 사진, 동영상 편집 소프트웨어 제공 업체.
왜 관심이 가지?	최근 구독료 인상 발표 → 구독료를 인상했다고 가입자가 이탈하지 않을 것이란 자신감이 있군 + 기업은 더 돈을 많이 벌겠네?
가격이 비싸져서 사용자가 다른 제품으로 바뀌진 않을까?	독보적 존재, 대체재가 없음.
계속 독보적인 존재가 될 수 있을까?	사진, 이미지뿐만 아니라 동영상 편집 쪽에서도 두각을 나타내는 중.

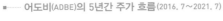

■⸱⸱⸱⸱⸱⸱ **어도비(ADBE)의 5년간 주가 흐름**(2016. 7~2021. 7)

출처: Google Finance

ADBE

어도비

$600.20 ↑513.51% +502.37 5년

개장 전 거래: $601.08 (↑0.15%) +$0.88
마감됨: 7월 13일, 오전 5시 3분 17초 UTC-4 · USD · NASDAQ · 면책조항

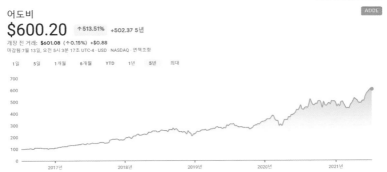

면서 손쉬운 동영상 편집이 가능한 어도비의 프리미어 이용자 수도 덩달아 늘고 있었다.

어도비는 디자인 프로그램으로 독점적인 시장을 확보하고, 구독 서비스를 통해 전 세계에서 꾸준한 현금 흐름을 창출하고 있었다. 게다가 동영상 콘텐츠 증가라는 사회 변화의 수혜도 톡톡히 보고 있었다.

어도비 제품은 업무에서뿐만 아니라 일상에서도 종종 사용하는 프로그램이었기에 선배와의 짧은 대화에서 호기심을 갖게 됐다. 투자 아이디어를 간단히 메모한 후, 어도비라는 기업에 대해 좀 더 자세히 공부하기 시작했다.

당시 선배와의 대화에서 가장 인상적이었던 부분은 바로 '구독료 인상'이었다. 이는 회사가 가격을 올려도 소비자의 이탈이 없을 것이라는 자신감의 표현이기 때문이었다. 그리고 최근 5년간 어도비의 주가는 500% 이상 상승하며 그 자신감이 틀리지 않았음을 입증했다.

• 여성들의 옷차림을 변화시킨 기업

캐나다에 거주하는 여동생을 방문하러 갔을 때의 일이다. 길에서 마주친 젊은 여성들 대부분 스타킹보다 조금 두꺼운 타이트한 소재의 바지를 입고 있었다.

어떻게 저렇게 착 달라붙는 바지를 입고 다닐까 신기해하던 내게 여동생은 저건 레깅스라며, 레깅스의 세계에 대해 극찬하기 시작했다.

처음엔 요가나 필라테스를 하던 여성들이 운동복으로 입기 시작했지만 입기 편할 뿐만 아니라 몸매를 더 날씬해 보이게 해 이젠 일상복처럼 다들 입고 다닌다는 설명이었다.

번화가마다 있는 룰루레몬(LULU)의 매장을 가리키며 레깅스를 유행시킨 업체로 대부분의 여성들이 룰루레몬 레깅스 한두 벌은 가지고 있다고 했다.

동생 손에 이끌려 매장에 들어갔고, 형형색색 다양한 색상과 디자인의 제품들을 보고 또 한 번 놀랐다. 그리고 얼마 지나지 않아 한국에도 레깅스가 대유행을 하기 시작했고, 룰루레몬은 지금까지도 세련된 요가복이자 생활복으로 전 세계 여성들에게 사랑받고 있다.

어도비와 룰루레몬처럼 각자 본인의 삶 속에 깊숙이 침투해 내 돈을 가져가는 기업을 생각해 본다면 어렵지 않게 투자처를 떠올릴 수 있을 것이다. 가장 쉽게는 신용카드 내역서를 한번 훑어보는 것부터 시작해 볼 수 있다.

생활 속에서, 회사 업무 속에서 나와 동료들, 우리 회사는 어디에 돈을 많이 쓰고 있나 한번 되짚어 보자. 내가 잘 모르는 영역이 아니라 익숙하고, 관심 있는 분야에서 시작해 앞으로도 돈을 계속 쓸 수밖에 없는 기업이라면 투자 대상으로 연결해 볼 수 있다.

_____ 금광시대, 청바지 기업 찾기

일상 속 기업 찾기에서 한걸음 더 나아가 뉴스에 상상력을 더하는 방법이 있다.

19세기 미국에서 금광이 발견된 지역으로 사람들이 몰려들면서 본격적인 골드러시가 시작됐는데, 정작 돈은 금맥을 찾아 떠난 광부들보다 그들이 입었던 청바지를 만든 리바이스가 벌었다. 전쟁 속에서도 무기 제조사는 매출을 올리듯 경쟁이 치열해지는 산업 분야 속에서도 누군가는 돈을 번다.

그러니 많은 이들이 어디론가 몰린다는 뉴스를 접하면 "여기서 리바이스 같은 회사는 어디일까?"라고 한 번쯤 생각해 보자.

● 서학 개미 열풍으로 돈을 버는 기업

2020년 여름, 해외 주식에 직접 투자하는 개인투자자의 열풍이 거세지면서 '서학 개미'라는 말이 유행했다. 미국에서도 개인투자자의 증시 유입이 활발하게 이뤄지면서, 미국 대표 무료 주식 거래 플랫폼인 '로빈후드'의 사용자가 급증했고, 이러한 미국의 개인투자자를 '로빈후더'라고 부르기도 했다.

이처럼 많은 이들이 주식투자에 뛰어들면서 나스닥은 신 고가를 갱신했는데, 주식 거래량이 증가할 때 돈은 누가 벌어가고 있을지 한번 생각해보자.

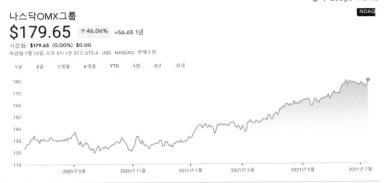

■····· 나스닥그룹(NDAQ)의 1년간 주가 흐름(2020. 7~2021. 7)

출처: Google Finance

카지노를 찾는 이들이 많아질수록 돈은 카지노 영업장이 벌어 가 듯 주식 거래량이 증가하면 거래 수수료를 받는 증권거래소의 수익도 자연스레 증가한다. 거기에 주식시장 열기가 뜨거워지면서 기업의 신규 상장IPO도 증가하고, 증권거래소는 신규 상장 기업에게서 IPO 수수료를 받으며 덩달아 수익이 늘어난다.

미국 증권거래소 중 상장되어 있는 대표 기업으로 미국 나스닥 증시를 운영하는 나스닥그룹(NDAQ)이 있다. 나스닥에 상장된 여러 주식들의 각축전 속에서 개별 기업보다 증권거래소인 나스닥그룹에 관심을 가졌다면 어땠을까?

2020년 7월 약 130달러였던 나스닥그룹의 주가는 1년 뒤 2021년 7월 180달러 수준으로 46%가량 상승했다. 이처럼 미국 밀레니얼 세대들의 재테크 열풍과 미국 주식투자 증가 뉴스 속에서 주식 거래량 증가에 따른 수혜를 입을 기업은 어디일지 생각해 보

미국 주식 투자 습관

는 것으로 투자 아이디어를 떠올릴 수 있다.

● 반도체 패권 전쟁에서 웃는 기업

온라인 쇼핑과 음악에서 동영상, 게임까지 인터넷 기반 서비스가 일상생활 전반으로 확대되면서 데이터 사용량 또한 급증하고 있다. 5G, AI, 클라우드 서비스, 자율 주행 등 새로운 기술 발전이 가속화되면서 이러한 데이터 트래픽의 폭증은 지속될 것으로 예상된다.

데이터 사용량 증가에 맞춰 수요가 함께 확대되는 것이 바로 반도체다. 반도체 수요 증가와 반도체를 필요로 하는 산업의 확대, 여기에 중국과 미국의 기술패권 전쟁까지 더해지면서 반도체 산업을 키우려는 움직임은 더욱 강해졌다.

■ ⎯ 반도체 장비주의 2년간 주가 흐름(2019.8~2021.8)

출처 : Yahoo Finance

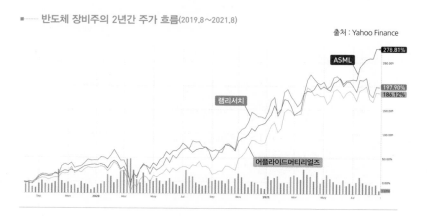

반도체를 위탁 생산하는 파운드리 업체인 TSMC, 삼성전자 등은 연달아 대규모 증설을 위한 투자 계획을 발표했고, 미국은 전 세계 반도체 공장을 자국으로 끌어오기 위한 각종 지원책을 내놓았다. 또한, 코로나19에 따른 공급망 차질로 반도체 쇼티지까지 발생하면서 완성차와 스마트폰 등의 생산 차질이 빚어졌다.

이렇듯 심화 된 반도체 수급 경쟁 속에서도 느긋하게 웃는 기업이 있었는데, 바로 반도체 장비 기업들이다.

파운드리 업체의 대규모 설비 투자 계획 발표로 반도체 장비 기업들의 월별 주문 금액이 증가하면서 대표 반도체 장비주인 어플라이드머티리얼즈Applied Materials(AMAT), 램리서치Lam Research(LRCX), ASML(ASML)의 주가가 상승했다.

또한, 반도체 기술 격차 확보를 위한 고성능 신규 장비의 수요 증가와 중국이라는 새로운 대형 고객의 등장에 따른 수혜도 반도체 장비 회사로 고스란히 이어졌다.

121쪽 그래프를 보면 실제로 2019년부터 2021년까지 약 2년간 반도체 장비주 3사의 주가는 200%가량 상승했다. 치열한 반도체 패권 전쟁 속에서 진정한 승자는 누구일까 파악한다면 대표 반도체 장비 기업 중 하나를 골라 투자로 연결시킬 수 있다.

이처럼 사람들이 몰리고, 경쟁이 심화되는 가운데에도 이득을 볼 수 있는 기업이 어디인지 상상력을 더하는 연습을 해보자.

_____ 신조어로 새로운 기회 발견하기

신문을 보거나 서점에 들려 책을 보게 될 때면 헤드라인이나 제목 등에 새롭게 등장한 용어가 있는지 확인한다. 그리고 생소한 단어가 등장하면 인터넷을 검색해 실제 자주 사용되는지, 언제부터 등장한 용어인지 확인해 본다. 새로운 용어에는 그 시대의 트렌드가 그대로 반영되기 때문이다.

처음 'OTT 서비스'라는 단어가 등장했을 땐 TV가 아닌 PC나 스마트폰으로 드라마를 본다는 것이 어색했고, 매월 꼬박꼬박 휴대폰 요금처럼 콘텐츠 시청료를 내야한다는 것에 거부감이 있었다. 하지만 이제 넷플릭스가 TV방송국을 위협한다는 말이 있을 만큼 OTT 시장은 커졌고, 시청자들의 생활 패턴을 변화시키며 다양한 산업들을 파생시켰다.

사물인터넷^{IoT}, 5G, 빅데이터 등과 같은 단어들도 마찬가지다. 처음에는 신조어가 낯설고 어색하지만, 어느덧 익숙한 개념이 되어 생활 전반에 스며들게 된다. 그리고 우리 삶에 스며들게 되었다는 것은 관련 산업 분야가 성장했음을 의미한다.

● 메타버스

2021년 3월 초 '메타버스^{Metaverse}'라는 단어를 책 제목으로 처음 접했다. 이 단어는 곧이어 증권사 리포트들에서 조금씩 등장하더니

2021년 여름 무렵에는 관련 서적이 대폭 늘어났다. 이후 '메타버스'는 몇 달 만에 누구나 한번쯤 들어 봤을 법한 단어가 됐다.

처음 듣는 용어를 접했을 때 먼저 무슨 뜻인지 파악하고, 관련 책 등을 읽어보면서 특징과 이로 인해 파생될 산업이 무엇인지 연결해 본다.

메타버스는 초월을 의미하는 '메타meta'와 현실을 의미하는 '유니버스universe'의 합성어로 3차원 가상세계를 의미한다. 메타버스의 특징은 가상세계에서 자신을 대신하는 캐릭터(일종의 아바타)가 존

트렌드를 반영하는 신조어 정리 예

오늘의 신조어	메타버스(Metaverse)
의미	3차원의 가상세계,
특징	가상세계에서 나를 대신하는 아바타가 현실에서처럼 친구를 만나 게임도 하고, 물건도 사는 현실과 같은 사회, 문화, 경제활동이 발생 됨,
메타버스 콘텐츠 기업	로블록스, 네이버, 유니티 등,
메타버스 기기 기업	메타, 애플 등,
메타버스 네트워크 기업	반도체(엔비디아, AMD 등), 클라우드 컴퓨팅(마이크로소프트, 아마존, 구글 등),

미국 주식 투자 습관

재하고, 현실과 같은 사회·문화·경제활동을 한다는 점을 들 수 있었다. 30~40대 세대에겐 익숙한 싸이월드가 이와 비슷한데, 현재 밀레니얼 세대들이 이용하는 메타버스 관련 기업은 어디가 있을까?

미국 9~12세 어린이 60% 이상이 이용하며 '10대들의 놀이터'로 불리는 로블록스(RBLX)가 있다. 로블록스는 초등학생 자녀를 둔 부모님들에겐 익숙한 게임 업체로 2021년 3월 10일 미국에 상장했다. 레고 모양의 캐릭터가 가상세계에서 게임을 하거나 게임을 제작해 판매하고, 친구들과 커뮤니티도 구성할 수 있는 콘텐츠다. 한국에는 네이버가 운영하는 제페토^{Zepeto}가 있다. 블랙핑크 등 K팝 스타들이 제페토에 아바타를 만들어 팬사인회를 여는 등 전세계 팬들을 대상으로 한 이벤트를 진행하며 유명해졌다.

그리고 이러한 가상현실 콘텐츠를 실감나게 제작하는 툴을 제공하는 기업인 유니티(U)도 있다. 유니티는 게임 개발용 소프트웨어 기업이지만 게임 산업에 국한되지 않고 다양한 산업군의 3D 콘텐츠 제작에 프로그램이 폭넓게 활용되고 있다.

메타버스의 콘텐츠에 대해 알아봤다면, 이번엔 콘텐츠를 더욱 생생하게 체험하게 해줄 수 있는 기기로 VR 헤드셋과 AR 글라스 등을 생각해 볼 수 있다.

메타(FB)는 2014년 VR 헤드셋 업체인 오큘러스를 인수했고, 2020년 10월 오큘러스 퀘스트2를 출시하며 뜨거운 반응을 얻고 있다. 또한 2021년 10월, 회사명을 '페이스북'에서 '메타^{Meta}'로 바꾸며 메타버스 전략을 강화하겠다고 천명했다. 이에 질세라 애플 (AAPL) 또한 VR 헤드셋을 개발 중이라는 소식이 들렸다.

메타버스의 가상현실을 인터넷으로 연결시키고, 다양한 서비스가 구동되게 하기 위해서는 대용량 데이터를 실시간 전송하고 저장, 처리할 수 있는 네트워크 인프라가 필요하다. 이는 반도체와 클라우드 컴퓨팅 수요 증가로 이어지는 부분이다.

이렇듯 메타버스라는 키워드 하나로 파생되는 산업들을 마인드맵으로 그려보고, 대표 기업은 어디인지, 해당 기업이 돈을 어떻게 버는지 공부를 시작해 볼 수 있다.

• 암호화폐

2021년 상반기 금융시장을 휩쓴 최대 화두 중 하나는 암호화폐 Cryptocurrency였다. 암호화폐 시장은 말 그대로 폭발적인 성장세를 보여줬다. 시장에 유동성이 풀리면서 커진 인플레이션과 화폐 가치 하락에 대한 우려, 여기에 글로벌 기업들의 암호화폐 결제 수단 도입 및 투자 본격화가 반영된 결과였다.

암호화폐에 직접 투자를 할 수도 있지만, 암호화폐 시장의 성장 가능성을 예상한다면 수혜를 볼 주식은 무엇일지 생각해 볼 수 있다. 암호화폐의 높은 변동성을 상쇄하면서도 시장의 확장에 따라 수익이 높아질 수 있는 기업은 어디일까?

먼저 암호화폐 결제 기능을 이미 탑재하고, 글로벌 결제 생태계에서 지배력을 더욱 강화하고 있는 페이팔(PYPL)과 블록(SQ) 같은 핀테크 기업을 투자 대상 목록에 올려볼 수 있다.

또한 '금광시대, 청바지 기업 찾기' 전략을 적용해 암호화폐 거래가 활성화될수록 거래 수수료로 수익을 창출하는 미국 최대 가상화폐 거래소인 코인베이스(COIN)를 투자처로 떠올려 볼 수 있다. 마찬가지로 암호화폐 채굴이 늘어나면 엔비디아(NVDA)의 그래픽카드 수요가 증가할 수 있다. 비트코인을 주축으로 시작된 암호화폐 열풍은 그래픽카드 가격 상승의 원인이 되었으며, 고사양 그래픽카드에 대한 수요도 높아졌다. 엔비디아는 암호화폐 채굴로 인한 그래픽카드 수급난을 해소하고 실수요층에 공급을 늘리기 위해 2019년 출시한 그래픽카드를 재출시하기도 했다.

이처럼 새롭게 등장하는 단어, 갑자기 등장해 많은 사람들의 입에 오르내리는 용어가 있다면 무슨 뜻인지, 왜 그런 단어가 등장하게 되었는지 호기심을 갖고 접근해 보자.

특히 소비 트렌드를 이끌고 있는 밀레니얼 세대가 자주 사용하는 낯선 용어가 있다면 더욱 신경을 쓰고 들어보자. 그 안에 투자 힌트가 숨어 있을 수 있다.

경기에 따른 업종 공략하기, 톱다운 전략

톱다운Top-down 전략은 경제 상황을 분석해 유망 업종을 선정하여 세부 기업을 찾아내는 방식이다.

글로벌 산업분류 11개 업종의 성과는?

글로벌 산업은 S&P와 MSCI가 1999년 공동 개발한 글로벌 산업 분류 기준GICS, Global Industry Classification Standard에 따라 11개 업종으로 분류된다.

11개 업종Sector이란 ITInformation Technology, 헬스케어Health Care, 커뮤니케이션Communication Services, 금융Financials, 자유소비재Consumer Discretionary, 산업재Industrials, 필수소비재Consumer Staples, 유틸리티Utilities, 에너지Energy, 부동산Real Estate, 소재Materials이다.

이러한 11개 업종의 성과를 보면 돈이 어디로 흐르는지 그 추세를 확인할 수 있다. 개별 기업을 하나씩 확인하는 것 보다 어느 업종으로 돈이 몰리고 있는지 파악한다면 더 쉽게 시장의 흐름을 이해할 수 있다. 또, 돈이 쏠리는 업종에 투자해 더 큰 수익을 올릴 수도 있다.

11개 업종은 일반적으로 경기 주기에 따라 각기 다른 성과를 낸다. 경기는 순환주기에 따라 상승과 침체를 반복하며 보통 회복기 – 호황기 – 수축기 – 불황기의 4단계를 거친다.

먼저, 회복기에는 기업들의 생산이 늘고 투자심리가 향상되면서 산업재와 금융 업종의 실적이 좋아진다. 또 경제활동이 개선되면서 자유소비재와 부동산 업종도 업황이 좋아진다.

호황기에는 생산과 소비가 모두 증가하며 IT, 커뮤니케이션 업종이 좋은 실적을 나타낸다.

수축기에는 인플레이션의 영향으로 원자재 가격과 관련된 소재와 에너지 업종의 투자 성과가 좋다. 경기가 둔화되기 시작하는 수축기와 경제활동이 침체되는 불황기에는 경기와 상관없이 일정한 가격 수준을 유지하고, 반드시 소비를 해야 하는 업종인 필수소비재, 유틸리티, 헬스케어 업종의 수익이 좋다. 이러한 업종을 경기 방어주라고 한다.

경기 방어주는 경기가 좋은 회복기와 호황기에는 다른 업종에 비해 좋은 수익을 내지 못하지만, 경기가 좋지 않을 때에는 상대적으로 주가의 하락폭이 적다. 반대로 경기의 변화에 따라 민감하게 반응하는 업종을 경기 민감주라 하며 산업재, 금융, 자유소비재, 소재 업종 등이 이에 속한다.

경기순환주기에 따라 어떤 업종의 성과가 높은지 이해하고 있다면 앞으로 다가올 경기 상황에 더 좋은 수익을 낼 수 있는 업종의 비중을 늘리는 전략을 취할 수 있다.

예를 들어 현재 불황기라면 필수소비재, 유틸리티, 헬스케어 등과 같은 기업을 매수하는 것도 필요하지만, 앞으로 다가올 회복기를 대비해 산업재와 자유소비재와 같은 업종에 미리 투자를 해 두는 것이다.

■······ 글로벌 산업분류 11개 업종별 특징 및 대표 기업

업종	특징	대표 기업(티커)	ETF
IT	소프트웨어, 통신장비, 하드웨어, 반도체 및 반도체 장비 기업 등 11개 업종 중 가장 비중이 큰 대표 산업군	애플(AAPL), 마이크로소프트(MSFT), 엔비디아(NVDA), 어도비(ADBE)	XLK
헬스케어	제약 및 생명공학 연구·개발 업체, 헬스케어 장비 및 관련 서비스 기업	존슨앤존슨(JNJ), 유나이티드헬스그룹(UNH), 화이자(PFE)	XLV
커뮤니케이션	엔터테인먼트, 미디어, 광고 및 통신 서비스 기업, 2018년 자유소비재와 IT 일부 종목 재배치로 신설된 업종	구글(GOOGL), 메타(FB), 월트디즈니(DIS), 넷플릭스(NFLX)	XLC
금융	은행, 투자관리, 금융 서비스, 보험 등 금융 관련 업체	버크셔해서웨이(BRK.B), 제이피모건체이스(JPM), 뱅크오브아메리카(BAC)	XLF
자유소비재	의류, 자동차, 호텔 및 레스토랑 등 소비자 관련 상품 및 서비스 제공 업체	아마존(AMZN), 테슬라(TSLA), 홈디포(HD), 나이키(NKE), 맥도날드(MCD)	XLY
산업재	산업에 활용되는 제품 생산업체로 건축, 기계, 전기, 우주 국방, 운송 업체	유피에스(UPS), 보잉(BA), 캐터필러(CAT), 3M(MMM)	XLI
필수소비재	식품 및 개인 위생용품, 대형마켓 등 매일 사용하는 소비재 기업들로 경기에 덜 민감한 특징을 지님	월마트(WMT), 프록터앤갬블(PG), 코카콜라(KO), 펩시(PEP), 코스트코(COST)	XLP
유틸리티	수도, 가스, 전기 공급 기업으로 상대적으로 안정적인 배당을 지급함	넥스트에라에너지(NEE), 듀크에너지(DUK), 서던컴퍼니(SO)	XLU
에너지	석유, 가스 등 연료의 생산, 정제, 저장, 판매 관련 기업	엑손모빌(XOM), 셰브론(CVX)	XLE
부동산	주택, 오피스, 데이터센터, 물류창고 등 다양한 부동산 관리 및 개발 업체	아메리칸타워(AMT), 프로로지스(PLD), 에퀴닉스(EQIX), 퍼블릭스토리지(PSA)	XLRE
소재	화학 물질, 건축 자재, 금속 등 관련 제조 기업	린데(LIN), 셔윈 윌리엄즈(SHW), 에코랩(ECL)	XLB

이처럼 경기순환주기에 따라 다음 단계에 성과가 좋을 업종에 먼저 분산 투자를 해둔다면 비교적 저렴한 가격에 매수해 사람들의 관심이 커지는 시기에 매도함으로서 수익을 얻을 수 있다.

11개 업종별 특징 및 대표 기업은 130쪽의 표와 같다. 대표 기업은 시가총액이 큰 만큼 시장에서 차지하는 비중이 커 해당 기업들의 주가 흐름을 통해 업종 전반의 추세를 파악할 수 있다.

무엇보다 분산 투자를 목적으로 한다면 동일 업종에 있는 주요 기업들을 한번쯤 확인해 보는 것이 필요하다. 업종별 주가의 흐름이 유사한 만큼 동일 업종 내 여러 기업을 매수하는 것은 결국 해당 업종에 집중 투자한 것과 같기 때문이다.

개별 기업 대신 해당 업종 전체에 투자하는 방법으로 ETF를 매수하는 방법이 있다. ETF는 여러 주식을 하나의 꾸러미에 모아 주식처럼 거래할 수 있도록 구성한 상품이다.

예를 들어 대표 기술주 ETF인 XLK^{Technology Select Sector SPDR Fund}에는 애플(AAPL), 마이크로소프트(MSFT), 엔비디아(NVDA), 어도비(ADBE) 등의 IT 업종 주식들이 고르게 담겨 있다.

미국 주식에 입문했을 당시 11개 업종별 대표 기업들부터 찾아보기 시작해 점점 더 많은 기업들에 익숙해졌다. 어떤 종목부터 공부해야 할지 막연하다면 업종별 특징을 이해하고, 업종 내 대표 주식부터 공부하기를 권한다.

주도 업종은 매년 달라진다

미국 주식투자를 2020년에 처음 시작한 투자자라면 '어차피 투자 성과는 IT 업종이 가장 좋지 않나? 다른 업종 찾아볼 것 없이 IT 기업에 투자하자'라고 생각할 수 있다.

물론 최근 IT 업종 기업들이 시총 상위권을 싹쓸이 하다 보니 관련 기업에 투자 하지 않는 것이 이상하다고 생각할 수 있다. 하지만 항상 IT 기업이 시장을 주도하며 모든 업종보다 좋은 성과를 낸 것은 아니다.

133쪽의 그림은 2008년부터 2019년까지 10여 년간 11개 업종의 성과를 보여 주는 그림이다. 매년 성과가 좋았던 순서대로 업종이 배열되어 있으며, S&P500지수보다 상위에 있는 업종은 시장 수익을 넘어서는 좋은 성과를 낸 업종이다.

2008년의 경우 어느 업종 구별 없이 모두 마이너스(-) 수익을 기록했는데, 미국의 투자 은행 리먼 브라더스 파산에 따른 글로벌 금융위기가 확산된 시기였기 때문이다.

2008년 당시 시장보다 좋은 수익을 올린 업종은 필수소비재, 헬스케어, 유틸리티 순인데, 대표적인 경기 방어주들이 실제로 선방했음을 확인할 수 있다.

또한 2018~2019년에는 고전을 면치 못하며 표 최하단에 있던 에너지 업종은 2016년도에 업종 중 최고의 수익을 낸 바 있다.

이처럼 최상단에 있는 최고 수익을 올린 업종이 매년 달라지는

■ 2008~2019년 업종별 투자 성과

출처: novelinvestor.com

2008	2009	2010	2011	2012	2013	2014	2015	2016	2017	2018	2019
CONS -15.4%	INFT 61.7%	REAL 32.3%	UTIL 19.9%	FINL 28.8%	COND 43.1%	REAL 30.2%	COND 10.1%	ENRS 27.4%	INFT 38.8%	HLTH 6.5%	INFT 50.3%
HLTH -22.8%	MATR 48.6%	COND 27.7%	CONS 14.0%	COND 23.9%	HLTH 41.5%	UTIL 29.0%	HLTH 6.9%	TELS 23.5%	MATR 23.8%	UTIL 4.1%	TELS 32.7%
UTIL -29.0%	COND 41.3%	INDU 26.7%	HLTH 12.7%	REAL 19.7%	INDU 40.7%	HLTH 25.3%	CONS 6.6%	FINL 22.8%	COND 23.0%	COND 0.8%	FINL 32.1%
TELS -30.5%	REAL 27.1%	MATR 22.2%	REAL 11.4%	TELS 18.3%	FINL 35.6%	INFT 20.1%	INFT 5.9%	INDU 18.9%	FINL 22.2%	INFT -0.3%	S&P 31.5%
COND -33.5%	S&P 26.5%	ENRS 20.5%	TELS 6.3%	HLTH 17.9%	S&P 32.4%	CONS 16.0%	REAL 4.7%	MATR 16.7%	HLTH 22.1%	REAL -2.2%	INDU 29.4%
ENRS -34.9%	INDU 20.9%	TELS 19.0%	COND 6.1%	S&P 16.0%	INFT 28.4%	FINL 15.2%	TELS 3.4%	UTIL 16.3%	S&P 21.8%	S&P -4.4%	REAL 29.0%
S&P -37.0%	HLTH 19.7%	S&P 15.1%	ENRS 4.7%	INDU 15.4%	CONS 26.1%	S&P 13.7%	S&P 1.4%	INFT 13.9%	INDU 21.0%	CONS -8.4%	COND 27.9%
INDU -39.9%	FINL 17.2%	CONS 14.1%	INFT 2.4%	MATR 15.0%	MATR 25.6%	INDU 9.8%	INDU -2.5%	S&P 12.0%	CONS 13.5%	TELS -12.5%	CONS 27.6%
REAL -42.3%	CONS 14.9%	FINL 12.1%	S&P 2.1%	INFT 14.8%	ENRS 25.1%	COND 9.7%	UTIL -4.8%	COND 6.0%	UTIL 12.1%	FINL -13.0%	UTIL 26.4%
INFT -43.1%	ENRS 13.8%	INFT 10.2%	INDU -0.6%	CONS 10.8%	UTIL 13.2%	MATR 6.9%	MATR -8.4%	CONS 5.4%	REAL 10.9%	INDU -13.3%	MATR 24.6%
MATR -45.7%	UTIL 11.9%	UTIL 5.5%	MATR -9.6%	ENRS 4.6%	TELS 11.5%	TELS 3.0%	ENRS -21.1%	REAL 3.4%	ENRS -1.0%	MATR -14.7%	HLTH 20.8%
FINL -55.3%	TELS 8.9%	HLTH 2.9%	FINL -17.1%	UTIL 1.3%	REAL 1.6%	ENRS -7.8%		HLTH -2.7%	TELS -1.3%	ENRS -18.1%	ENRS 11.8%

구분	INFT	HLTH	TELS	FINL	COND	INDU	CONS	UTIL	ENRS	REAL	MATR	S&P
업종	IT	헬스케어	커뮤니케이션	금융	자유소비재	산업재	필수소비재	유틸리티	에너지	부동산	소재	S&P500지수

것을 확인할 수 있는데, 이는 주식시장에서 항상 섹터(업종) 로테이션이 발생하며, 영원한 승자도, 패자도 없다는 것을 의미한다.

투자
습관
원칙
8

워런 버핏은 날아오는 모든 공에 스윙할 필요는 없다고 했다.

홈런이나 장타를 칠 수 있는 정말 좋은 공이 들어올 때까지

기다리면 된다는 것이다.

수많은 주식 종목들을 모두 다 공부할 필요는 없다.

자신이 잘 아는 분야, 자신이 성공할 수 있는 영역에

집중해 공부하다 보면

홈런을 날릴 종목을 분명히 발견할 수 있을 것이다.

종목 고르기,
이 종목 사도 될까?

투자 아이디어를 모색했다면 이번엔 구체적인 종목 선별 방법을 알아보자. 해당 기업이 매수해도 좋을 만큼 매력적인 기업인지 아닌지 다음 몇 가지만 확인해 보면 실패 확률을 줄이고, 투자 성과는 높일 수 있다.

　종목 고르기의 핵심 체크리스트는 ①해당 기업이 돈을 어떻게 버는지, ②지금 돈을 잘 벌고 있는지, ③앞으로도 계속 잘 벌 수 있는지를 확인하는 것이다.

▤ 돈을 어떻게 버는가: 매출 구성

첫 번째 체크리스트는 이 기업이 '어떻게 돈을 버는지' 확인하는 것
이다. 기업이 어떻게 돈을 버는지 안다는 것은 곧 비즈니스 모델을
이해했다는 뜻이다. 이는 매출 구성을 통해 쉽게 파악할 수 있다.
매출 중 가장 큰 부분을 차지하고 있는 사업과 매출이 가장 큰 폭
으로 증가하고 있는 사업을 확인하면 해당 기업의 주가를 결정하는
핵심 요소를 파악할 수 있다. 그러면 기업의 매출 구성은 어떻게 확
인할 수 있을까?

_____ 매출 구성 확인하는 방법

가장 정확한 방법은 기업 공식 홈페이지의 'IR^{Investor Relations}' 메뉴를
통해 실적 발표 자료를 확인하는 것이다. 기업 홈페이지의 IR 메뉴
에는 분기별 실적 자료가 모두 공시되어 있고, 이중 'Revenue(매출)'
부분의 구성과 비중을 확인할 수 있다. 해당 페이지를 찾기 어렵다
면 구글에서 '기업명+IR'로 검색해 접속이 가능하다.

　하지만 이러한 실적 자료는 내용이 많아 필요한 정보만 확인하기
어려울 수 있다. 따라서 기업의 매출 구성을 보다 쉽게 파악할 수
있는 사이트를 활용하는데, 유용한 사이트로 알파스트리트^{AlphaStreet}
가 있다. 알파스트리트 사이트(news.alphastreet.com)에서는 분기별 실

적 시즌에 맞춰 기업의 매출 구성과 실적을 한눈에 보기 쉽게 그래픽으로 정리해 제공한다. 알파스트리트 홈페이지에서 기업의 티커를 검색하면 실적에 대한 그래픽 자료를 찾아볼 수 있다.

그 밖에도 구글에서 해당 기업명과 함께 'Revenue by Segment' 또는 'Revenue Breakdown'을 검색해 기업의 매출 구성을 파악할 수 있다. 요즘은 국내 증권사에서도 미국 주식 관련 리포트를 많이 발간하고 있어 각 증권사별 홈페이지에서 제공하는 기업 리포트를 참고할 수도 있다.

_____ 매출 구성 중 확인할 사항 3가지

매출 구성에서 ①매출의 가장 큰 비중을 차지하고 있는 사업, ②매출 중 가장 크게 증가하고 있는 사업, 그리고 ③매출이 작년 동기 대비 증가하고 있는지 이 세 가지만 확인해 보자.

매출 중 가장 큰 비중을 차지하고 있는 사업은 기업의 현재이다. 이는 현재 어떤 사업으로 돈을 벌고 있는지 확인하는 것이다.

매출 중 가장 크게 증가하고 있는 사업은 기업의 미래이며, 앞으로의 먹거리라고 볼 수 있다.

매출이 작년 동기 대비 증가하고 있다면 당연히 좋은 신호. 하지만 반대로 역성장했다면 분명 시장에서도 이를 반영하며 실적 발표 후 주가가 하락할 확률이 높다.

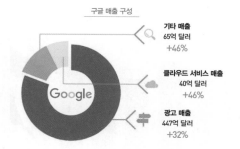

■── 구글(GOOGL) 2021년 1분기 매출 구성

출처: alphastreet

구글 매출 구성

기타 매출
65억 달러
+46%

클라우드 서비스 매출
40억 달러
+46%

광고 매출
447억 달러
+32%

다음 그림은 구글(GOOGL)의 2021년 1분기 실적 중 매출 구성을 나타낸 그래프다. 구글은 광고 수익Ad Revenue이 매출의 가장 큰 부분을 차지하고 있으며, 작년 동기 대비 매출이 32% 증가했다. 두 번째로 매출이 큰 사업은 클라우드 서비스 매출Cloud Revenue로 작년 동기 대비 46% 증가했다. 이는 광고 매출보다 더 크게 증가한 수치다.

이처럼 구글은 매출 대부분이 광고에서 발생되며, 광고 외에 클라우드라는 미래의 동력을 확보하고 있음을 알 수 있다. 따라서 광고와 클라우드 시장의 전망에 따라 구글의 실적이 달라질 수 있음을 예측할 수 있다.

140쪽의 그림은 메타(FB)의 매출 구성 그래프로 구성이 좀 더 심플하다. 광고와 광고 외로 구성되며 광고 매출이 절대적임을 확인할 수 있다.

구글과 메타를 함께 비교한 것은 두 기업 모두 매출 구조상 광고 시장에 가장 큰 영향을 받기 때문이다.

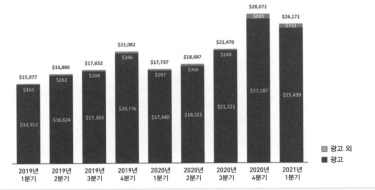

■—— 메타(FB) 2019년 1분기~2021년 1분기 매출 구성

출처: Meta IR

(단위: 백만 달러)

광고 시장이 불황이면 두 기업의 주가는 좋지 못할 것이며, 광고 시장이 회복되면 기업의 실적이 좋아지면서 주가 또한 반등할 수 있음을 이해할 수 있다. 이렇듯 기업의 매출 구성을 파악하고 있으면 "구글 주가 왜 갑자기 빠져요?"라는 질문 대신 '코로나19로 광고 시장이 불황이라 구글이나 메타의 주가가 좋지 못하구나'라고 현 상황을 파악하며 주가 흐름을 이해할 수 있다.

앞서 '일상 속 기업 찾기' 중 배짱 좋게 구독료를 올리는 기업으로 제시한 어도비의 매출 구성을 확인해 보자.

어도비의 매출 구성은 디지털 미디어Digital Media, 디지털 익스페리언스Digital Experience, 퍼블리싱Publishing 세 가지로 구성되며, 이중 디지털 미디어가 매출의 72.7%로 절대적인 부분을 차지하고 있다. 또한 해당 매출이 작년 동기대비 25% 성장하면서 매출 중 가장 크게 증

■······ 어도비(ADBE) 2021년 2분기 매출 구성

출처: alphastreet

제품군별 매출

디지털 미디어
+25%

디지털 익스페리언스
+21%

퍼블리싱
−9%

매출 구성

2.9%
퍼블리싱

24.5%
디지털 익스페리언스

72.7%
디지털 미디어

가하고 있다.

어도비의 디지털 미디어 사업이 구체적으로 무엇을 의미하는지 궁금하다면 구글에 'Adobe digital media products'라고 검색해보자. 검색 결과 "The Digital Media segment offers creative cloud services, such as **Adobe Photoshop, Adobe Illustrator, Adobe Premiere Pro, Adobe Photoshop Light room** and **Adobe InDesign, Adobe Acrobat**" 이라는 문구가 상위에 노출된다. 다 이해할 필요 없이 중간에 굵은 글씨로 들어간 프로그램 이름만 봐도 어떤 매출인지 확인할 수 있다. 즉, 어도비는 포토샵, 일러스트레이터, 프리미어 등과 같은 그래픽과 영상, 사진 편집 관련 소프트웨어 서비스 매출이 가장 크며, 해당 매출이 작년 동기 대비 증가하고 있다고 이해할 수 있다.

매출 구성을 통해 기업이 어떤 비즈니스로 돈을 버는지 확인하는 방법을 익혀봤다면, 이제 해당 기업이 현재 돈을 잘 벌고 있는지, 미래에도 잘 벌 수 있는지 확인해 보자.

돈을 잘 버는가: 독점성

두 번째 체크리스트는 이 기업이 '돈을 잘 버는지' 확인하는 것이다. 버크셔해서웨이 CEO이자 현존하는 대표 투자 구루인 워런 버핏은 '경제적 해자'를 투자의 핵심 전략으로 삼고 있다. 해자는 적의 침입을 막기 위해 성 주변을 둘러 파서 만든 연못으로, 경제적 해자란 성을 지키는 해자처럼 다른 기업이 넘볼 수 없게 기업의 가치를 보존해주는 독점적 경쟁력을 뜻한다. 그만큼 독점성 여부를 확인하는 것이 투자에 있어서 중요하다는 의미다.

독점 기업이 돈을 잘 벌 수 있는 이유

독점성을 갖추고 있다는 것은 대체재가 없기에 반드시 해당 기업의 제품을 구매할 수밖에 없다는 뜻이다. 따라서 꾸준한 매출을 보장받으며 안정적인 현금 흐름을 만들 수 있다.

또한, 독점은 경쟁이 치열하지 않다는 의미로도 해석된다. 이로 인해 설비투자, 사업 확장 등과 같은 경쟁 우위를 차지하기 위한 적극적인 자본 지출이 덜할 수 있다. 물론 사업 초기에는 엄청난 자본을 투입해 치열한 경쟁을 하겠지만, 더 이상 다른 기업의 침입이 어려운 규모의 경제를 이룬 후부터는 자본 투입은 줄어들고 그만큼 수익성은 좋아지게 된다.

무엇보다 독점 기업은 가격 결정권을 쥐고 있다. 앞서 사례로 제시한 어도비처럼 기업이 가격을 높여도 소비자는 어쩔 수 없이 인상된 가격으로 구매를 해야 한다. 그리고 가격 인상은 곧 기업의 이윤 증가로 이어진다.

• 대표적인 독점 기업은?

압도적인 브랜드를 바탕으로 전 세계 두터운 팬층을 보유하며, 소비자가 기꺼이 지갑을 여는 기업이 있다. 애플, 스타벅스, 나이키, LVMH 등과 같은 기업을 떠올려보자. 이러한 기업들은 신제품, 한정판 출시일이면 매장 앞에 장사진을 치는 충성도 높은 고객들을 확보하고 있다.

퀄컴과 디즈니처럼 특허와 IP(지식재산권)를 통해 시장 장악력을 높인 기업도 있다. 퀄컴은 스마트폰 핵심 부품인 통신 반도체 관련 특허를 다수 보유한 기업이다. 퀄컴의 라이선스 수익은 회사 한 해 이익의 60% 이상을 차지한다. 디즈니는 미키마우스부터 겨울왕국까지 다양한 애니메이션과 어벤져스 시리즈의 마블, 스타워즈 시리즈의 루카스필름까지 긴 역사만큼이나 다양한 콘텐츠를 보유하고 있다. 144쪽 그림에서 확인할 수 있듯 2019년 전 세계 박스오피스 수익 상위 영화 8개 중 6개가 모두 디즈니 작품이다.

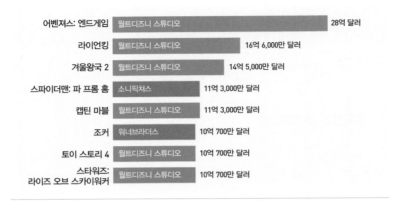

■······· 2019년 전 세계 박스오피스 흥행 수익

출처: statista

어벤져스: 엔드게임	월트디즈니 스튜디오	28억 달러
라이언킹	월트디즈니 스튜디오	16억 6,000만 달러
겨울왕국 2	월트디즈니 스튜디오	14억 5,000만 달러
스파이더맨: 파 프롬 홈	소니픽쳐스	11억 3,000만 달러
캡틴 마블	월트디즈니 스튜디오	11억 3,000만 달러
조커	워너브라더스	10억 700만 달러
토이 스토리 4	월트디즈니 스튜디오	10억 700만 달러
스타워즈: 라이즈 오브 스카이워커	월트디즈니 스튜디오	10억 700만 달러

어떤 회사가 독점 기업인가?

일반적으로 한 기업의 시장 점유율이 50% 이상이거나 상위 1~3위까지 기업의 시장 점유율이 2/3 이상일 때 시장 지배적 지위에 있는 독점 기업이라고 한다. 앞서 매출 구성을 확인해 봤던 구글과 메타를 예로 들어보자.

두 회사 모두 광고 매출이 크다는 것을 확인했는데, 광고 시장에서 두 기업의 시장 점유율이 크지 않다면 언제든 경쟁 업체에 밀려 매출이 줄어들 우려가 있다.

시장 점유율은 구글에서 '산업분야 Market Share'로 검색하면 쉽게 찾을 수 있다. 디지털 광고 분야 시장 점유율을 확인하기 위해

'Digital advertising Market Share'로 구글 검색을 하면 다음과 같은 그림을 확인할 수 있다.

■—— 2019~2020년 미국 디지털 광고 시장 점유율

출처: eMarketer

2020년 미국 디지털 광고 시장은 1위 구글(28.9%), 2위 메타 (25.2%), 3위 아마존(10.3%)으로 상위 3개 회사의 시장 점유율이 60%가 넘는다. 시장을 3개 회사가 독점하고 있고, 상위 기업의 점유율 또한 전년도 대비 늘어나고 있어 진입장벽이 더욱 탄탄해지고 있음을 확인할 수 있다.

만약 이와 반대로 상위 기업들이 전체 시장에서 차지하는 비율이 감소하고 있거나, 3개 기업 외 기존에 없던 새로운 기업이 등장해 점유율을 빼앗고 있다면 이는 시장의 독점력이 떨어지면서 경쟁이 치열해지고 있음을 반증하는 것이다.

구글의 매출 중 두 번째로 큰 비중을 차지하는 사업은 클라우드 서비스다. 기업들의 디지털 전환이 가속화되는 가운데 가장 빠르게 성장하고 있는 분야 중 하나가 바로 클라우드 서비스 시장이다. 이는 급증하는 데이터를 효과적으로 관리하고, 데이터를 활용해 새로운 가치를 창출하기 위한 필수 시스템이기 때문이다.

'Cloud Services Market Share'를 구글에 검색하면 다음과 같은 2021년 1분기 클라우드 서비스 분야 시장 점유율을 확인할 수 있다.

■······ 2021년 1분기 클라우드 서비스 시장 점유율

출처: Statista

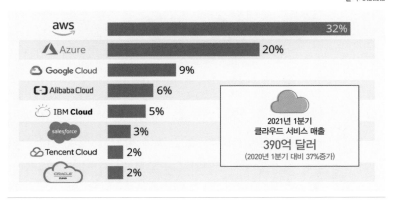

아마존의 AWS^Amazon Web Services가 32%로 1위, 마이크로소프트의 애저^Azure가 20%로 2위, 그리고 구글의 구글 클라우드^Google Cloud가 9%로 3위를 차지하고 있어 상위 3개 기업의 시장 점유율이 60% 이상으로 클라우드 시장을 독점하고 있다.

디지털 광고라는 거대한 소비시장과 빅데이터 시대에 맞춰 가장 빠르게 성장하고 있는 클라우드 서비스 시장까지 구글, 메타, 아마

존, 마이크로소프트가 고르게 시장을 독점하고 있다. 따라서 이러한 빅테크 기업을 대표적인 독점 기업이라 부른다. 이들 기업은 경쟁력이 누적되면서 다른 기업들의 진입을 밀어내고, 막대한 자본력을 바탕으로 경쟁사를 인수해 더욱 몸집을 불리고 있기 때문이다.

마이크로소프트는 오피스 등 대표 프로그램의 지속적인 가격 인상과 구독형 서비스를 확대하고 있다. 구글과 메타는 무료로 제공하던 서비스들의 유료화를 선언했고, 아마존은 각종 수수료를 인상했다. 그럼에도 빅테크 기업 이용자들의 대규모 이탈 현상은 발생하지 않는다. 이처럼 독점 기업은 꾸준한 매출을 보장받으면서 가격 결정력 또한 갖고 있기에 더욱 안정적으로 돈을 벌 수 있다.

● 어도비의 독점성

앞서 소개했던 기업 어도비의 독점성 여부를 살펴보자. 어도비는 그래픽 소프트웨어 서비스가 매출의 70% 이상을 차지하고 있었다.

2021년 그래픽 소프트웨어 시장에서 어도비 제품의 점유율은 무려 80% 이상이다.

어도비는 2013년에 모든 소프트웨어 제품을 온라인으로 제공하는 월정액 구독 서비스를 전면 도입했다. 이러한 어도비의 변화는 소프트웨어의 전통적인 판매 방식을 매달 일정한 비용을 내는 구독 모델로 바꾼 상징적인 사건이었다.

출처: Statista

■····· 2021년 그래픽 소프트웨어 시장 점유율

기타
14%

마이크로소프트 비지오
5%

어도비 일러스트레이터
9%

어도비 크리에이티브
클라우드
10%

어도비 크리에이티브 스위트
26%

어도비 포토샵
36%

어도비는 그래픽 소프트웨어 분야의 독점력을 바탕으로 사업 모델을 과감하게 바꿀 수 있었고, 구독 서비스를 정착시키며 더욱 안정적이고 예측 가능한 매출을 만들었다. 또한, 구독 서비스를 통해 어도비의 만성적인 문제였던 불법 복제 이슈도 개선하며 소프트웨어 시장을 선도하는 기업이 됐다.

● 반도체 분야 독점 기업

인공지능, 빅데이터, 메타버스까지 데이터 사용량 급증으로 디지털 산업의 '쌀'로 통하는 반도체 수요가 증가하고 있다. 반도체 분야에는 어떤 독점 기업이 있을까.

먼저 데이터 처리의 핵심인 GPU Graphics Processing Unit(그래픽처리장치) 시장부터 확인해보자. GPU는 그래픽 처리에 강점이 있어 주로 고사양 게임 분야에서 성능을 중요시했고, 그 외 분야에서는 CPU ^{Central Processing Unit}(중앙처리장치)의 성능에 주목해 왔다. 하지만 최근 동시다발적으로 많은 데이터를 학습하고, 처리해야하는 인공지능 연산 과정에서 GPU의 활용도가 높아지면서 GPU 시장이 크게 성장하고 있다. 데이터를 순차적으로 처리하는 CPU보다 한 번에 다량의 데이터를 연산하는 GPU가 더 효율적이기 때문이다.

향후 급성장할 것으로 예상되는 빅데이터 기반 인공지능 관련 산업은 GPU 수요 증가와 맞닿아있다. 실제로 자율 주행, 데이터센터, AI 등 대량의 데이터를 빠르게 처리해야하는 분야에서 GPU 수요가 증가하고, 게임 사양 고도화와 가상현실^{VR}, 증강현실^{AR} 영역에서도 GPU 성능은 더욱 중요해지고 있다.

GPU 분야 최강자는 엔비디아(NVDA)로, 80% 가까운 시장 점유

■----- 2021년 제조 업체별 그래픽 카드 사용량

출처: Steam 하드웨어 및 소프트웨어 설문조사, 2021년 6월

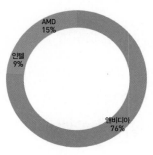

율을 차지하고 있다. 이러한 시장 독점력과 성장가능성을 반증하듯 엔비디아 주가는 지난 2년간 4배가량 상승했다.

반도체 수요가 증가할수록 엔비디아, AMD 등 반도체 설계 업체의 물량을 위탁 받아 생산하는 파운드리 기업의 수주 물량도 늘어난다. 또한, 구글과 애플 등 반도체 자체 개발을 선언하는 기업들도 늘어나면서 파운드리 업체들의 생산물량은 더욱 증가할 전망이다.

■── 2020년 전 세계 파운드리 시장 점유율

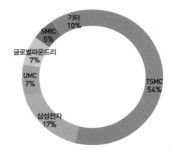

2020년 전 세계 파운드리 시장 점유율 중 절반 이상을 대만의 TSMC가 차지하고 있으며, 한국의 삼성전자가 17%로 2위를 차지하고 있다. 그 밖에 대만의 UMC, 미국의 글로벌파운드리 GlobalFoundries, 중국의 SMIC 등이 있다.

TSMC와 삼성전자의 파운드리 시장 점유율은 70% 이상으로 압

　　　　　　　　　　　　　　　　　　　　　　　　미국 주식 투자 습관

도적이다. 이는 파운드리 기업의 경쟁력을 결정짓는 핵심 요소인 미세공정에서 TSMC와 삼성전자가 기술적 우위를 차지하고 있기 때문이다. 실제로 전 세계 파운드리 기업 중 TSMC와 삼성전자만이 7나노 이하의 미세 공정 제품 생산이 가능하다.

반도체 위탁생산 수주가 증가하면서 삼성전자와 TSMC는 공장 신축과 함께 설비 증설을 단행하고 있다. 파운드리 기업들의 설비투자 증가와 장비 매입 경쟁이 가속화되면서 반도체 장비 업체들의 실적은 더욱 개선되고 있다.

반도체 장비 시장은 어플라이드머티리얼즈(AMAT), ASML(ASML), 램리서치(LRCX) 상위 3개 업체가 50% 수준의 시장 점유율을 유지하고 있다.

■····· 2020년 반도체 장비 시장 점유율

출처: VLSIresearch

반도체 장비 업체명	시장 점유율
어플라이드머티리얼즈	17.7%
ASML	16.7%
램리서치	12.9%
도쿄일렉트론	12.3%
KLA	5.9%
기타	34.5%

특히 반도체 파운드리 기업의 경쟁력을 결정짓는 미세공정에서 EUV(극자외선) 노광장비는 7나노 이하 초미세공정에 필수적인데,

이를 독점 생산하고 있는 네덜란드 기업인 ASML은 '슈퍼 을'이라 불리며 기업 가치가 크게 상승하고 있다.

ASML은 대당 1,500억 원에서 2,000억 원에 달하는 초고가 EUV 장비를 연간 40대 가량 생산하고 있어 삼성전자와 TSMC 등 파운드리 업체에선 이 장비를 한 대라도 더 들여오기 위해 쟁탈전을 벌이고 있다. 미국 바이든 정부도 중국을 견제하기 위해 네덜란드 당국에 ASML의 EUV 장비에 대한 중국 수출 허가 보류를 요청하고 있어 ASML의 막강한 독점력을 입증 받고 있다.

'독점성' 하나로는 부족해

153쪽의 그래프는 코카콜라(KO)와 엔비디아의 지난 2년간의 주가를 비교한 것이다. 코카콜라는 약 10% 상승한 반면 엔비디아는 400%가량 상승했다.

코카콜라는 글로벌 1위 음료 기업으로 꾸준히 안정적으로 수익을 내며, 배당을 통해 회사의 이익을 주주들에게 환원하고 있다. 하지만 음료를 소비하는 인구가 갑자기 급증할 순 없기에 주가의 상승폭에는 제한이 있을 수밖에 없다.

반면 반도체는 활용 가능한 산업 분야의 확장과 필요한 양 또한 증가하면서 수요가 급증했고, 엔비디아의 주가 또한 크게 상승했다.

즉, 현재 시장을 독점하고 있지만 산업의 확장성이 보장되지 않

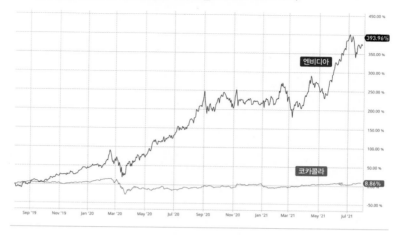

는다면 기업의 성장 동력이 약하다 판단되면서 주가는 정체된다. 이는 주가가 미래를 반영하기 때문이다. 코카콜라 또한 이를 잘 알기에 생수, 탄산수, 주스, 커피, 에너지 음료 등으로 활발하게 M&A를 실시하며 포트폴리오를 다각화해 종합 음료 업체로 사업을 확장하고 있다.

따라서 종목 선정 시 현재의 독점성뿐만 아니라 미래의 확장성까지 확인하는 것이 필요하다.

▍돈을 계속 잘 벌 수 있는가: 확장성

세 번째 체크리스트는 이 기업이 '계속 돈을 잘 벌 수 있는지' 예측하는 것이다. 기업의 확장성은 산업 자체가 커지는 것을 의미한다. 정체된 시장이 아닌, 점차 확장하는 산업에 속한 기업이라면 앞으로 더 큰 매출 성장이 기대된다.

또한, 현재 기업의 주력 사업이 포화상태로 더 이상의 확장이 어렵다면 해당 기업의 신규 성장 동력 여부에 따라 미래의 매출 확대 가능성을 기대할 수 있다.

____ 산업의 확장성이 있는가?

엔비디아의 주가가 지난 2년간 크게 상승을 할 수 있었던 것은 반도체의 쓰임이 다양화되고, 자율 주행 등과 같은 새로운 분야에 활용되면서 시장 자체가 확장됐기 때문이다.

어떤 산업의 미래가 현재보다 더 확장될 수 있는지 여부는 내 주변의 변화, 뉴스 등을 통해 파악할 수 있다. 좀 더 정확한 수치가 궁금하다면 구글 또는 국내 포털 사이트의 뉴스 검색을 통해 시장의 전망을 확인할 수 있다.

구글과 메타의 독점력이 강한 디지털 광고 시장을 생각해 보자. 155쪽의 그림은 지난 10년간 미국 광고시장 매출 변화를 보여주는 그래프다. 전통 미디어인 TV와 지면 광고는 정체되거나 줄어드는 반면, 디지털 광고 분야는 급격히 증가하며 광고 시장 전체를 확장시키고 있다. 이러한 수치는 직접 찾아보지 않더라도 우리가 일상에서 광고를 주로 어떻게 접하게 되는지 고려해보면 디지털 광고 시장이 크게 성장하고 있음을 체감할 수 있다.

구글은 검색 광고에서 시작해 유튜브 등을 활용해 광고 지면을 확대했다. 유튜브는 중간 광고, 화면 내 배너 광고, 검색 상단 노출 광고 등 점점 더 다양한 광고를 도입하고 있다. 메타의 페이스북과 인스타그램도 배너와 동영상 광고뿐만 아니라 쇼핑 태그 등을 통해 광고 유형과 광고가 게재될 수 있는 영역을 지속적으로 확장하고 있다.

따라서 확장성이 큰 디지털 광고 시장을 장악하고 있는 구글과

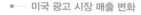

미국 광고 시장 매출 변화

출처: GroupM

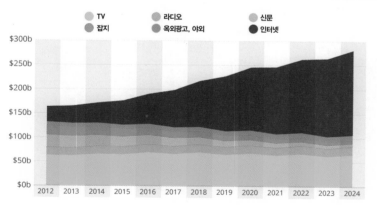

메타는 앞으로도 매출의 성장을 기대할 수 있다.

아마존과 마이크로소프트, 그리고 구글이 독점하고 있는 클라우드 서비스 시장도 마찬가지다. 디지털 기술이 사회 전반에 적용되면서 급증하는 데이터를 클라우드 서비스를 이용해 효과적으로 관리하려는 수요가 증가하고 있다. 이에 따라 기업뿐만 아니라 정부에서도 클라우드 서비스를 전면 도입하는 추세다. 미국 국방부는 2019년 대형 국책사업으로 클라우드 컴퓨팅 구축사업을 계획했으며 그 규모가 무려 100억 달러(12조 원) 수준이다.

세계 클라우드 서비스 시장 규모는 아래 그림과 같이 앞으로 더 큰 성장이 예상된다. 이에 따라 클라우드 서비스 시장을 독점하고 있는 아마존, 마이크로소프트, 구글 또한 돈을 계속 잘 벌 수 있을 것으로 예측할 수 있다.

어도비의 주가가 지속적으로 상승할 수 있었던 것은 어도비가 전

■⋯⋯ 세계 클라우드 서비스 시장 규모

출처: Gartner Research

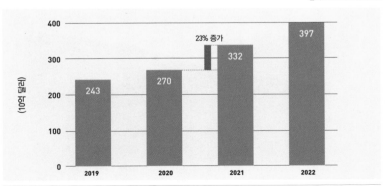

세계 그래픽 프로그램의 독보적 마켓 리더이기도 하지만 해당 시장의 확장 가능성이 크기 때문이기도 하다. 웹 디자인부터 인쇄 제작에 이르기까지 거의 모든 비즈니스에는 항상 그래픽 디자인 요소가 사용되며, 폭발적으로 증가하는 영상 콘텐츠 시장에서도 어도비 제품은 필수적이다. 따라서 독점성과 확장성을 모두 갖춘 어도비를 주식시장에서도 긍정적으로 평가하고 있는 것이다.

1957년 설립된 세계 최대 장난감 유통업체 토이저러스는 오프라인 시장에서 오랜 기간 승승장구했지만 2017년 돌연 파산보호 신청을 했다. 토이저러스의 몰락 원인은 오프라인에서 온라인으로의 급격한 환경 변화에 기업이 적응하지 못한 것이 주요인으로 꼽힌다. 이는 기업이 독점력을 가지고 있음에도 성장하는 시장의 플레이어가 아니라면 지속적인 매출 향상을 담보할 수 없음을 보여준다. 따라서 독점력과 더불어 산업의 확장성을 가진 기업에 투자하는 것이 필요하다.

신규 성장 동력을 확보했는가?

기업의 주력 시장이 이미 포화 상태에 이르렀다면 스마트한 기업은 신규 성장 동력을 확보해 미래를 준비한다. 그리고 이러한 신 성장 동력으로 다시 기업의 매출이 증가한다면 시장 또한 긍정적으로 반응하게 된다.

• 외식사업에 IT를 접목한 도미노피자

미국 1위 피자 업체 도미노피자(DPZ)의 지난 5년간 주가를 보면 매우 놀랍다. 주가는 250%가량 상승했고, 더욱이 코로나19로 매장이 폐쇄되면서 실적이 악화된 다른 외식 업체들과 달리 도미노피자는 실적 향상과 함께 주가도 꾸준히 상승했다. 이는 도미노피자가 외식사업에 IT를 접목하며 신규 성장 동력 확보에 성공했기 때문이다.

다른 외식 업체들이 배달 대행업체와 손잡을 때 도미노피자는 꾸준히 투자해온 디지털 주문 및 배송 IT 인프라를 바탕으로 자체 주문과 배달 플랫폼을 강화해 수익성을 높였다.

■──── 도미노피자(DPZ)의 주가 흐름(2016. 8. 1∼2021. 7. 31)

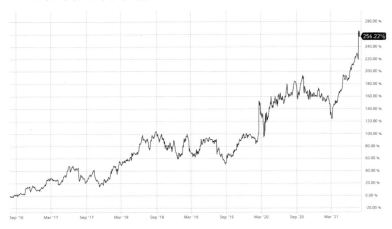

정보의 반복 입력을 최소화하고 모바일, 스마트시계, AI스피커와 같은 다양한 플랫폼에서도 쉽게 주문할 수 있도록 소비자 편의성에 집중해 시스템을 최적화시켰다. 또한, 배달 상황에 대한 실시간 추적 시스템을 경쟁사보다 앞서 도입했다. 그 결과 2010년 매출 중 20%에 불과했던 디지털 매출은 2018년 60%까지 증가했다. 그리고 2000년 한 자릿수에 머물렀던 영업이익률은 2019년 17%로 크게 개선됐다

이외에도 자율 주행차, 드론을 이용한 배달 테스트를 진행하며 새로운 기술을 적극 도입하고 있어 북미 피자 시장 점유율 1위라는 독점력과 자사 플랫폼 이용자 증가라는 확장성이 도미노피자의 주가를 견인하고 있다.

• 애플의 미래는 아이폰이 아니다?

2009년 아이폰 3GS 출시 이후 애플(AAPL)은 스마트폰이라는 새로운 시장을 구축하며, 마켓을 선점했다. 하지만 최근 선진국 스마트폰 보급률이 80%에 달하며 시장이 구조적 성숙기에 진입하면서 과거와 같은 폭발적인 성장을 기대하기는 어렵게 됐다.

이에 애플은 저가 아이폰을 출시하면서 선진국 대비 스마트폰 보급률이 낮은 신흥 시장을 공략하며 확장 가능한 시장을 찾고 있지만 아이폰 판매가 애플의 매출에서 차지하는 비중은 2018년 62%에서 2020년 50%로 줄어들고 있다.

출처: Apple Annual Reports on Form 10-K

구분	2018년		2019년		2020년	
	매출	비중	매출	비중	매출	비중
아이폰	164,888	62%	142,381	55%	137,781	50%
맥	25,198	9%	25,740	10%	28,622	10%
아이패드	18,380	7%	21,280	8%	23,724	9%
애플워치 등 웨어러블	17,381	7%	24,482	9%	30,620	11%
서비스	39,748	15%	46,291	18%	53,768	20%
총합	265,595	100%	260,174	100%	274,515	100%

매출 단위: 백만 달러

이를 대신해 매출에서 빠르게 상승하는 분야가 있는데, 애플의 매출 중 2번째로 비중이 큰 서비스 매출이다. 서비스 분야 매출은 앱스토어, 애플뮤직, 애플TV, 애플페이 등과 같은 서비스 구독 및 수수료 비용에서 발생하며, 2018년 15%에서 2020년 20%로 매출 비중이 증가했다.

이처럼 애플은 정체된 스마트폰 하드웨어 시장을 대신할 신규 성장 동력으로 소프트웨어 기반 서비스 매출을 확보하고 있다. 따라서 애플의 주가는 아이폰 판매량뿐만 아니라 서비스 분야 매출이 지속적으로 성장하느냐에 따라 반응이 달라질 수 있다.

이처럼 기업의 주력 산업의 성숙도가 높아지면서 포화상태가 되면 기업은 신규 성장 동력 확보를 통해 새로운 활로를 모색한다.

———— 독점 기업의 주특기, 인수합병을 통한 확장

독점 기업은 풍부한 현금 흐름을 바탕으로 신규 동력이 될 기업들을 인수합병해 지속적으로 포트폴리오를 확장한다.

코카콜라는 당이 높은 식품에 대한 비선호 현상이 늘어나자 다이어트 콜라와 같은 새로운 제품을 출시하며 비탄산 음료의 비중을 높이기 위한 인수합병을 적극적으로 실시했다. 1960년 미닛메이드를 인수하며 비탄산음료 시장으로 진출했고, 생수와 탄산수뿐만 아니라 2015년에는 에너지 음료인 몬스터 베버리지Monster Beverage의 지분을 매입했다. 2018년에는 코스타리카 커피를 인수했으며 이 같은 지속적인 M&A를 통해 코카콜라는 종합 음료 기업으로 변화했다.

이처럼 인수합병은 기업이 신규 성장 동력을 확보하기 위해 가장 보편적으로 사용하는 방법으로 주로 자금력을 앞세워 두둑한 현금을 보유한 독점 기업들이 활용하는 방식이다.

▦ 배당이 증가하는가: 안정성

마지막으로 보너스처럼 체크해야 할 것은 기업이 배당을 늘리고 있는가이다. 독점성과 확장성, 이 두 가지만 갖춘다면 이미 투자처로 손색이 없다. 여기에 보너스로 기업이 배당까지 지급하고 있다면 말 그대로 금상첨화다.

배당이란 기업의 영업활동을 통해 발생된 이익을 주주들에게 분배하는 것이다. 이익 대부분을 기술 개발과 신규 사업에 투자해야 하는 성장주의 경우 배당까지 지급할 여력이 없을 수 있다. 따라서 배당을 꾸준히 지급하고, 지속적으로 증가시켰다면 그만큼 회사 이익 측면에서 안정성이 검증됐다는 뜻이기도 하다.

기업이 배당을 지급한다면, 매분기 지급되는 배당금을 재투자할 수 있고, 시세차익 뿐만 아니라 배당금 수익까지 동시에 누릴 수 있다.

배당을 지속적으로 증가시킨 기업

50년 이상 배당을 꾸준히 증가시키며 '배당왕'이라 불리는 기업에는 코카콜라, P&G, 3M, 존슨앤존슨 등이 있다.

코카콜라는 우리에게 익숙한 종합 음료회사이고, P&G는 질레트, 팬틴, 오랄비 등의 브랜드를 보유한 필수소비재 기업이다. 3M은 스카치테이프와 같은 사무용품뿐만 아니라 자동차와 기계 등 여러 전방 산업에 필요한 제품을 생산하는 업체이며, 존슨앤존슨은 미국의 대표 제약회사다. 이들 기업은 실생활과 밀접한 시장을 독점한 기업으로 업력이 오래된 만큼 매우 안정적인 매출을 확보하고 있다.

빅테크 업체 중에도 애플과 마이크로소프트처럼 배당을 지속적으로 증가시켜온 기업이 있다. 애플은 아이폰을 출시하며 스마트폰

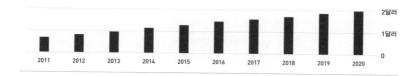

■──── 마이크로소프트(MSFT)의 2011~2020년 배당금 추이

출처: seekingalpha.com

시장에 혁신을 일으켰고, 마이크로소프트는 전 세계 컴퓨터에 사용되는 윈도OS로 안정적인 현금 흐름을 만들었다. 이들 기업은 꾸준한 매출을 보장하는 제품을 바탕으로 자연스럽게 배당을 지급하기 시작했고, 매년 배당금을 증가시키고 있다.

마이크로소프트(MSFT)는 주식 1주당 연간 총 배당금을 2010년 0.55달러, 2015년 1.29달러, 2020년 2.09달러로 지속해서 증가시켜 10년간 4배 가까이 늘렸다. 2020년 마이크로소프트 주식 1주를 가지고만 있어도 1년에 2.09달러의 배당금을 받을 수 있으며 이는 지난 10년간 꾸준히 증가한 금액이다.

이처럼 강력한 플랫폼을 구축한 기업들은 안정적인 자본력을 갖추게 되면 배당 지급을 실시하고, 배당금 또한 점점 더 늘려나간다.

매달 배당을 받고 싶다면

한국은 통상 연 1회 배당금을 지급하지만 미국은 매월, 분기별, 연 2회, 연 1회 등 배당을 지급하는 시기가 기업별로 다양하다. 대부분의 기업들은 보통 분기별(연 4회) 배당을 지급하고 있다.

자신의 포트폴리오가 1월, 4월, 7월, 10월 배당을 지급하는 기업과 2월, 5월, 8월, 11월 배당을 지급하는 기업, 그리고 3월, 6월, 9월, 12월 배당을 지급하는 기업으로 구성된다면 1월부터 12월까지 매달 배당금으로 월세와 같은 고정 수익을 올릴 수 있다.

■──── 배당 지급일 기준 매월 배당 받는 포트폴리오 구성 예

기업(티커)	1월	2월	3월	4월	5월	6월	7월	8월	9월	10월	11월	12월
제이피모건(JPM)	○			○			○			○		
애플(AAPL)		○			○			○			○	
3M(MMM)			○			○			○			○

시킹알파 홈페이지(seekingalpha.com)에서 관심 있는 기업의 티커를 검색한 후 배당Dividends 탭을 클릭하면 배당 관련 정보를 확인할 수 있다. 이중 배당 기록Dividend History에서는 그동안의 배당금 내역과 배당 지급일, 그리고 앞으로의 배당 예정일 등을 확인할 수 있다.

165쪽 그림은 마이크로소프트의 2021년 배당 기록이다. 마이크로소프트는 2021년 9월 14일에 2021년 마지막 분기 배당을 발표Declare Date했다. 배당락일Ex-Div Date은 11월 17일이며, 주주명부 등재일

미국 주식 투자 습관

출처: seekingalpha.com

Year	Declare Date	Ex-Div Date	Record Date	Pay Date	Frequency	Amount	Adj. Amount
2022							
	12/7/2021	2/16/2022	2/17/2022	3/10/2022	Quarterly	0.6200	0.6200
2021							
	9/14/2021	11/17/2021	11/18/2021	12/9/2021	Quarterly	0.6200	0.6200
	6/16/2021	8/18/2021	8/19/2021	9/9/2021	Quarterly	0.5600	0.5600
	3/16/2021	5/19/2021	5/20/2021	6/10/2021	Quarterly	0.5600	0.5600
	12/2/2020	2/17/2021	2/18/2021	3/11/2021	Quarterly	0.5600	0.5600

Record Date은 11월 18일이었다. 배당 지급일Pay Date은 12월 9일로 배당금Amount은 주당 0.62달러씩 지급했다. 즉, 배당락일 전날까지 마이크로소프트 주식을 매수해두면 2021년 12월 9일에 1주당 0.62달러의 배당금을 받을 수 있었다. 다만 보다 안전하게 배당금을 받기 위해선 배당락일 2~3일 전 여유 있게 주식을 매수해 두는 것이 좋다.

종목을 고르기 어렵다면 ETF 투자

종목을 고르기 어렵다면 ETF로 산업 전반에 투자하는 방법도 있다. 앞서 설명했듯이 ETF는 다양한 주식을 모아 개별 주식처럼 편리하게 거래할 수 있도록 만든 금융상품이다. ETF 종류는 대표 주가지수, 특정 업종지수 등 추종하는 지수의 구성에 따라 다양하다.

_____ 이럴 땐 ETF에 투자하자

성장하는 산업군 전반에 모두 투자하고 싶다면 ETF가 좋은 대안이 될 수 있다. 마이크로소프트, 애플, 아마존, 구글 등 대표 플랫폼 기업 중 한 기업만 골라 투자하기 어렵고, 모두 매수하고 싶다면 미국 나스닥 지수를 추종하는 ETF인 QQQ^{Invesco QQQ Trust}를 매수하는 방법이 있다. QQQ 1주를 매수했다면 애플, 마이크로소프트, 아마존, 구글, 메타, 테슬라, 엔비디아 등의 기술주를 시가총액 비중에 따라 골고루 매수하는 것으로 적은 금액으로 해당 주식들을 보유하는 효과를 볼 수 있다

유망 산업이라는 것은 알지만 전문 분야라 특정 종목 선별에 부담을 느낀다면 ETF로 산업 전반에 투자할 수 있다. 더욱이 아직 시장에 절대 강자가 존재하지 않는다면 다양한 종목들이 포함되고, 비중이 조절되는 ETF가 더 좋은 선택이 될 수 있다.

최근 기후변화에 따른 친환경 에너지 시장에 대한 관심이 높다. 하지만 태양광, 풍력, 수력 등 신재생에너지 분야가 다양하고, 관련

■── QQQ에 포함된 주요 주식 상위 5개 기업

출처: etf.com, 2021년 8월 기준

구분	기업명	비중
1	애플(Apple)	11.7%
2	마이크로소프트(Microsoft)	10.0%
3	아마존(Amazon)	8.7%
4	구글(Alphabet)	4.0%
5	메타(Meta)	3.9%

출처: etf.com, 2021년 8월 기준

구분	기업명	특징	비중
1	베스타스 윈드(Vestas Wind)	세계 최대 풍력터빈 생산업체	8.0%
2	오스테드(Orsted)	세계 최대 해양풍력 기업	7.6%
3	엔페이즈 에너지(Enphase Energy)	태양광 관련 기업	6.7%
4	넥스트에라 에너지(NEXTera Energy)	풍력, 태양광에 특화된 발전 기업	4.2%
5	엑셀 에너지(Xcel Energy)	태양광, 풍력, 수력발전 보유 지주회사	4.1%

기업도 너무 많아 종목 선별이 어려울 수 있다. 이럴 땐 친환경에너지 산업과 관련된 글로벌 기업들로 고루 구성된 ETF인 ICLN^{iShares} Global Clean Energy ETF에 투자해 볼 수 있다.

내가 산 주식만 콕 찍어 안 오르는 억울함을 피하고 싶다면 비슷한 종목 전반을 매수하는 ETF로 위험을 분산할 수 있다.

반도체 시장에 투자하고자 고심 끝에 한 종목을 골라 매수했는데, 다른 종목들과 달리 딱 내가 고른 기업의 주가만 부진하다면 그 속 타는 기분은 당해본 사람만이 안다.

반도체 산업을 긍정적으로 평가한다면 반도체를 설계하는 기업인 엔비디아와 AMD, 파운드리 기업인 TSMC, 그리고 반도체 장

■······ SMH에 포함된 주요 주식 상위 5개 기업

출처: etf.com, 2021년 8월 기준

구분	기업명	특징	비중
1	TSMC	반도체 파운드리 기업	14.3%
2	엔비디아(NVIDIA)	GPU 분야 시장 점유율 1위 기업	9.9%
3	ASML	반도체 장비 기업	6.1%
4	퀄컴(Qualcomm)	통신 반도체 전문기업	5.2%
5	인텔(Intel)	전통 CPU 강자	5.1%

비 업체인 ASML 등이 포함된 SMH^{VanEck Vectors Semiconductor ETF} 또는 SOXX^{iShares Semiconductor ETF}와 같은 ETF에 투자해 볼 수 있다. ETF로 여러 기업에 투자하게 되면 개별 종목 투자에 대한 위험을 낮출 수 있다.

ETF 투자 시 확인할 것

ETF 투자 시에는 ①운용 자산 규모, ②운용 보수, ③상장일을 확인하는 것이 필요하다.

운용 자산 규모^{AUM, Assets Under Management}가 너무 작으면 향후 자금 유입 규모에 따라 운용사에서 ETF를 청산할 수도 있다. 따라서 운용 자산은 클수록 안정적이며, 보통 운용자산 10억 달러 이상을 안정적이라 평가한다.

운용 보수^{Expense Ratio}는 일종의 수수료로 당연히 낮을수록 좋다. 동일한 지수를 추종하는 구성이 비슷한 ETF라면 운용 보수가 낮은 ETF를 선택하는 것이 유리하다.

또한 상장일^{Inception Date}을 확인해 상장한 지 얼마 되지 않은 신생 ETF보단 이력이 더 오래된 ETF를 선택하는 것이 안정적이다.

이 세 가지 항목은 ETF의 안정성, 유동성 그리고 수익성과 연결된다. 운용 자산 규모가 크고, 상장 이력이 길수록 안정적이며, 이러한 ETF엔 투자자들의 유입이 많아 매매가 활발히 발생해 유동성을 확보할 수 있다. 또한 운용보수는 적을수록 수익성이 높아진다.

　이러한 정보들은 ETF 관련 사이트인 이티에프닷컴(etf.com), 이티에프디비닷컴(etfdb.com)에서 쉽게 확인 가능하다.

　운용 자산 규모, 운용 보수, 상장일을 중심으로 반도체 대표 ETF인 SMH와 SOXX를 한번 비교해 보자.

■⸱⸱⸱⸱ 반도체 대표 ETF, SMH vs SOXX

출처: etf.com, 2021년 8월 기준

구분	SMH	SOXX
상장일	2011년 12월 20일	2001년 7월 10일
운용보수	0.35%	0.46%
운용 자산 규모	53.5억 달러	68.3억 달러
주요 구성 주식 상위 5개 기업	TSMC(14.3%), 엔비디아 (9.9%), ASML(6.1%), 퀄컴(5.2%), 인텔(5.1%)	엔비디아(9.4%), 브로드컴(8.0%), 인텔(7.4%), 퀄컴(5.7%), 텍사스인스트루먼트(5.3%)

　SMH와 SOXX 모두 반도체 업종에 투자하는 대표 ETF다. 상장일을 기준으로 SOXX가 조금 더 오래됐지만 두 ETF 모두 상장한 지 10년 이상 되었다. 운용보수는 SMH가 좀 더 저렴하며, 운용자산 규모는 SOXX가 좀 더 크지만 둘 다 그 규모가 10억 달러 이상으로 안정적이다.

　주요 구성 주식에는 약간의 차이가 있는데, SMH는 TSMC의 비중이 10% 이상으로 큰 반면, SOXX는 엔비디아의 비중이 가장 크다.

　같은 업종인 만큼 두 ETF의 주가 흐름은 매우 유사하고, 성과에는 큰 차이가 없다. 따라서 운용보수가 조금이라도 저렴하거나 주요 구성 주식의 비중 면에서 더 낮다고 판단되는 ETF를 선택하면 된다.

___ 대표 ETF

투자의 귀재 워런 버핏도 "전문가가 아니라면 S&P500 인덱스펀드와 같이 지수에 투자하는 것이 최선"이라고 밝힌 바 있다. 개별 종목을 고르는 일이 어렵기도 하고, 어떤 주식이 오르고 내릴지 마음 졸일 필요 없이 결국 미국 시장 전체에 투자하라는 의미다.

미국 대표 3대 지수 ETF에는 S&P500지수를 추종하는 SPY, 나스닥 지수를 추종하는 QQQ, 다우 지수를 추종하는 DIA가 있다. 또한 클라우드, 친환경, 전기차 등 앞으로 더욱 확장될 유망 산업에 투자하고 싶다면, 해당 산업별 대표 ETF를 참고해 보자.

■····· 주제별 대표 ETF

구분	내용	티커
3대 지수	S&P500지수	SPY
	나스닥 지수	QQQ
	다우 지수	DIA
유망산업	반도체	SMH, SOXX
	클라우드 컴퓨팅	SKYY, CLOU
	해킹, 사이버 범죄 보안	HACK, CIBR
	전기차, 2차 전지	LIT
	핀테크	IPAY
	반려동물	PAWZ
	게임, e스포츠	HERO, ESPO
	친환경, 신재생	ICLN
	태양광	TAN
	전자상거래	IBUY, ONLN

• 특정 주식이 포함된 ETF 찾기

이티에프디비닷컴(etfdb.com) 사이트의 'ETF Stock Exposure Tool'
을 이용해 특정 주식의 티커를 검색하면 해당 종목을 높은 비중
으로 포함하고 있는 ETF를 확인할 수 있다.
예를 들어 미국 제약회사 중 시가총액이 가장 큰 존슨앤존슨이
포함된 ETF를 찾고 싶다면 해당 티커인 'JNJ'로 검색해 다양한
ETF들을 확인할 수 있다. 이 중 운용 자산 규모, 운용 보수, 상장일,
주요구성 종목들을 비교해 원하는 ETF를 선택할 수 있다.

■ ······ 존슨앤존슨(JNJ)을 보유한 ETF 종류

출처: etfdb.com

Ticker	ETF	ETFdb.com Category	Expense Ratio	Weighting
IHE	iShares U.S. Pharmaceuticals ETF	Health & Biotech Equities	0.42%	22.54%
IEIH	iShares Evolved U.S. Innovative Healthcare ETF	Health & Biotech Equities	0.18%	9.50%
XLV	Health Care Select Sector SPDR Fund	Health & Biotech Equities	0.12%	9.09%
IYH	iShares U.S. Healthcare ETF	Health & Biotech Equities	0.43%	8.36%

투자
습관
원칙
9

월가의 영웅, 피터 린치는 보유한 종목에 대해

왜 그 기업에 투자해야 하는지

초등학생도 이해하도록 설명할 수 있어야 한다고 했다.

이는 자신이 잘 알고 이해한 기업에 투자해야 함을 의미하며,

투자 목적 또한 단순하면서도 명쾌해야 한다는 뜻이다.

최소한 자신이 투자할 기업이라면 무엇을 하는 기업이며,

앞으로 돈을 계속 잘 벌 수 있는지

쉽고 간결하게 설명할 수 있어야 한다.

매매 타이밍 잡기,
언제 사고 언제 팔까?

투자할 종목을 골랐다면 이제 주식을 언제 사고, 언제 팔면 좋을지 알아보자.

주식을 싸게 샀다면 원하는 수익을 기다릴 수 있는 마음의 여유가 생기지만, 비싸게 샀다면 조금만 하락해도 견디기 힘들다. 따라서 아무리 좋은 주식이라 할지라도 언제 사느냐에 따라 투자의 마음가짐이 달라질 수밖에 없다. 좋은 주식을 부담 없는 가격에 매수해 계획했던 수익을 실현하기 위해 다음과 같은 방법들을 활용해보자.

▌ 이벤트 기반 매매

_____ 예정된 미래 준비하기

기업의 대표적인 이벤트라면 신사업 투자 계획, 신제품 출시, 중국의 광군제나 미국의 블랙프라이데이 같은 대규모 할인 행사 등이 있다. 주로 분기별로 진행되는 기업의 실적 발표에서 예정된 주요 이벤트가 발표되며, 언론을 통해 노출되기도 한다.

아이폰 신규 시리즈의 사전 예약이 시작되고, 반응이 뜨겁다는 뉴스가 나오기 시작하면 이미 애플의 주가는 상승 중에 있다. 따라서 애플 주식을 매수하고 싶다면 신규 제품 출시로 언론이 도배되기 전 사람들의 관심이 없을 때 미리 매수를 해두고, 느긋하게 기다리다가 아이폰 출시로 관심이 뜨거워지기 시작하면 매도해 수익을 실현할 수 있다.

● 테슬라의 예정된 이벤트 기반 매매

테슬라(TSLA)는 2020년 유독 이벤트가 많았고, 그만큼 주가 변화도 컸다. 2020년 초 테슬라의 탄탄하고 견조한 실적 발표가 이어지며, 테슬라의 전기차 시장 독주가 예상되면서 주가도 꿈틀거리기 시작했다.

무엇보다 2020년 하반기에는 다수의 이벤트가 예정되어 있었는데, 먼저 배터리 데이Battery Day라는 전략 발표 행사가 계획되어 있었다.

테슬라는 신규 기술 발표 시 특정 '데이' 행사를 개최하는데, 최근에는 폭스바겐의 파워 데이Power Day, 중국 전기차 니오의 니오 파워 데이NIO Power Day 등 다른 자동차 업체들도 관련 행사를 개최하는 추세다.

2020년 9월 22일의 테슬라 배터리 데이에 앞서 새로운 배터리 기술 도입 발표에 대한 기대감이 주가에 선반영 되기 시작했고, 2020년 9월 중엔 S&P500지수 편입 가능성이 높아지면서 주가는 7월부터 빠르게 상승했다.

여기에 2020년 8월 11일 5대 1로 주식 분할이 발표되면서 실제 분할이 실시된 8월 31일까지 주가는 크게 상승했다. 5대 1로 주식을 분할하면 시가 총액에는 변화가 없으나, 1주당 주가는 1/5로 낮아지고 유동 주식 수는 5배로 증가한다. 주식 분할을 하면 이전보다 낮은 가격으로 주식 매수가 가능해지면서 거래량이 늘어나 주가가 상승하는 경향이 있다. 하지만 9월 18일 S&P500지수 편입이 불발되고, 이어 배터리 데이 행사도 끝나면서 이벤트 소멸에 따른 주가 조정이 있었다.

이후 11월 17일 테슬라의 S&P500지수 편입이 공식 발표되면서 주가는 다시 한 번 크게 상승했다. 특정 지수를 추종하는 ETF들은 S&P500 종목들을 기계적으로 매수하는데, S&P500에 편입된다는 것은 그만큼 테슬라 주식의 매수가 많아진다는 의미이기도

출처: barchart.com

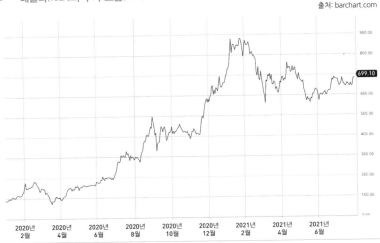

하다.

이처럼 배터리 데이 행사와 실적 향상에 따른 조건 충족이 예상
됐던 S&P500지수 편입 등 2020년 주요 이벤트 일정을 고려해
2~3개월 전 미리 테슬라 주식을 매수해 두었다면 하반기 주가
상승을 편안히 즐길 수 있었다.

전기차 시장을 독주하며 전년 대비 10배 이상 상승했던 테슬라의
주가는 2021년 초부터 조정을 받기 시작했다. 이는 GM과 폭스
바겐, 현대자동차 등 기존 완성차 업체들이 본격적인 전기차 대
량 생산 시대를 개막했기 때문이다.

전년도 대비 2021년 상반기 주요 이벤트가 없었던 테슬라의 주
가는 전기차 경쟁 심화 우려와 함께 하락하기 시작했다. 테슬

라에 관심이 있는 이들이라면 이처럼 주가가 부진할 때 추후 주가의 모멘텀이 될 이벤트가 있는지 찾아보는 것이 필요하다. 2021년 하반기 예정된 이슈가 있다면 주가는 반등할 수 있기 때문이다.

실제로 테슬라는 2021년 하반기에 몇 가지 이벤트를 앞두고 있었다. 먼저 8월 말 AI 데이AI Day 행사에선 완전자율주행FSD 기술을 중심으로 자율 주행 연산칩과 관련 시스템, 자율 주행 완성 계획 등이 다뤄질 예정이었다. 또한 당시에는 사이버트럭Cyber Truck의 2021년 말 생산이 예정되어있어 새로운 제품 출시도 앞두고 있었다. 따라서 2021년 8월 AI 데이를 이벤트로 고려했다면 2~3개월 전인 2021년 5월부터 주식을 매수해 두고 주가 흐름을 보며 일정에 맞춰 매도하는 방법을 취할 수 있었다. 실제로 하락하던 테슬라 주가는 2021년 6월부터 서서히 반등하며 8월 AI 데이 행사 전까지 상승세를 이어갔다.

• 디즈니의 예정된 이벤트 기반 매매

디즈니(DIS)는 테마파크, 영화, 상품 판매와 라이선스 등 다양한 비즈니스를 하고 있지만 가장 큰 매출은 미디어 사업에서 발생한다. 미국 대표 방송사인 ABC, 스포츠채널 ESPN 등이 포함된 미디어 사업은 디즈니의 성장을 이끌어왔다. 그러나 2018년 넷플릭스와 같은 온라인 스트리밍 서비스OTT의 인기가 가속화되면서

출처: barchart.com

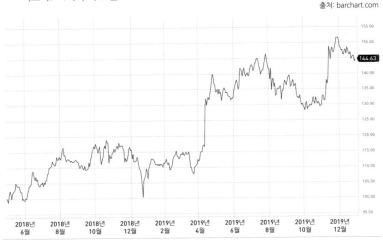

가입자들의 유료 방송 해지와 서비스 이탈이 확산됐고, 디즈니의 주가는 정체되기 시작했다.

이에 디즈니는 2018년 11월에 자체 스트리밍 서비스인 디즈니플러스가 출시됨을 선언했다. 그리고 2019년 4월, 디즈니플러스의 출시일을 11월로 확정하며 요금을 공개하자 신규 서비스 진출에 대한 기대감으로 주가가 크게 상승했다.

또한, 2019년 11월에는 디즈니플러스 출시로 미국, 캐나다 등 북미지역 가입자 수가 크게 증가하면서 디즈니의 주가는 다시 한 번 상승했다.

이처럼 디즈니플러스라는 신규 서비스 출시, 출시 후 가입자 수 증가와 같은 이벤트를 고려해 미리 주식을 매수해 두고, 실제 서비스 출시와 가입자 수 증가로 주가가 상승하는 시점을 매도 타이밍으로 잡을 수 있다.

주가는 기대감으로 상승하기 시작해 기업의 중요한 이슈 발생일을 기점으로 꺾이거나 횡보하게 되는데, 이는 주가가 미래를 반영하기 때문이다.

따라서 관심 있는 기업이 있다면 주요 이벤트가 언제 발생하는지 미리 파악해 두고, 이벤트가 발생하기 2~3개월 전 미리 매수 해두자. 매수 후 주가가 당장 오르지 않더라도 여유 있게 기다리다 보면 어느새 해당 기업의 예상했던 뉴스가 나오면서 주가는 상승하게 된다.

돌발 변동성 활용하기

기업의 예정된 이벤트뿐만 아니라 예상치 못했던 변동성을 매매에 활용하는 방법도 있다.

독점력과 확장성을 지닌 기업의 주식은 누구나 매수하고 싶어 하기에 주가가 많이 빠지는 경우가 드물다. 따라서 이런 기업의 주식은 '악재' 기사가 쏟아지기 시작하면 혹시 매수 타이밍은 아닌지 한번 확인해 보자.

중요한 것은 현재 발생한 악재라는 것이 일시적인 것인지 아니면 기업을 침체에 빠트릴 만큼 장기적 문제인가에 대한 판단이다. 만약 일시적 이슈로 발생한 변동성이라면 이는 좋은 기업을 싼 가격에 매수할 수 있는 기회다.

• 나이키의 돌발 변동성 활용 매매

나이키(NKE)는 2021년 3월 말 중국발 불매운동이라는 악재에 휩싸였다. 중국 소셜미디어에는 나이키 신발 수 켤레를 불에 태우는 동영상이 올라왔고, 중국 나이키 광고 모델들이 잇따라 계약 종료를 선언했다. 나이키의 주가는 중국 매출 감소 우려로 무겁게 가라앉았다.

중국발 불매운동으로 나이키라는 브랜드가 망할 것인가? 나이키가 중국 시장에서 철수했는가?

그렇지 않았다. 무엇보다 나이키는 중국발 불매운동을 제외하면 호재가 많은 상황이었다. 코로나19 영향을 벗어나 글로벌 경기가 회복되고 있었고, 미국과 유럽 등 백신 접종이 늘면서 오프라인 매장이 빠르게 정상화 되고 있었기 때문이다.

한동안 뉴스를 떠들썩하게 했던 중국발 불매운동 기사도 시간이 지나자 잠잠해졌고, 올림픽과 스포츠 경기 재개에 따라 스포츠 용품과 운동복에 대한 소비 심리는 좋아지고 있었다.

2021년 6월 24일 실적 발표에서 나이키는 중국발 우려 요인이 있었음에도 중국 외 지역의 매출 정상화로 긍정적 실적을 발표했

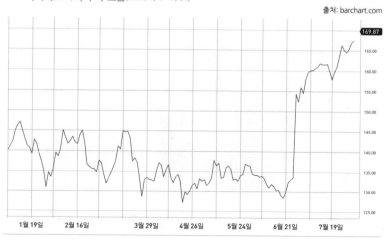

■······ 나이키(NKE)의 주가 흐름(2021. 1. 1~7. 31)

출처 : barchart.com

169.87

고, 주가는 하루에 15% 가까이 급등했다.

아마존, 구글, 메타 등과 같은 글로벌 플랫폼 기업의 악재로 단골로 등장하는 반독점 이슈도 마찬가지다. 미국의 빅테크 기업들의 반독점 이슈는 플랫폼 기업의 시장 장악력이 커지면서 지속적으로 반복되는 뉴스다.

하지만 해당 이슈가 있을 때면 단기적으로 부정적인 영향은 있었지만 큰 폭의 주가 하락은 발생하지 않았다. 이는 미국 플랫폼 기업에 대한 제재가 결국 자국의 경쟁력 하락을 불러올 수 있고, 타 경쟁 국가의 규제 조치에 빌미로 작용 될 수 있음을 당국에서도 알고 있기 때문이다. 지금까지 여러 차례 반독점 이슈가 불거졌지만, 글

출처: Statista

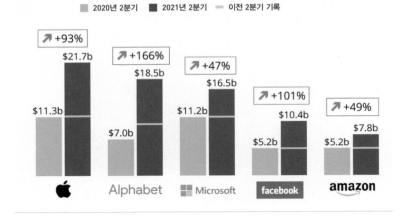

로벌 플랫폼 기업들은 여전히 돈을 잘 벌고 있고, 매출은 사상 최고치를 경신하고 있다.

따라서 비즈니스 모델 자체의 훼손이 발생된다고 판단되기 전까지는 자극적인 뉴스에 휘둘리기보다 왜 해당 기업을 매수하려 했었는지 스스로 생각해 보고, 그 매수 사유가 변하지 않았다면 변동성을 매수 기회로 적극 활용하자.

해당 뉴스가 악재인지 아닌지 아리송하다면 과거에도 비슷한 이슈가 있었는지 한 번 찾아보자. 이슈 발생 전후로 주가의 흐름을 살펴보고, 주가가 빠진 폭이 어느 정도였는지, 다시 반등하기까지 얼마나 시간이 걸렸는지를 확인한다면 악재라는 이름으로 반복된 매수 기회는 아니었는지 확인할 수 있다.

_____ 실적 발표 대비하기

실적 발표 시즌은 기업들이 분기별 실적과 향후 가이던스(예상 전망 치)를 발표하는 시기로 변동성이 커지는 기간이다. 투자자들은 기업 의 실적 발표를 통해 예상했던 매출과 영업이익이 나오는지 확인하 고, 다음 분기에도 실적이 향상될 수 있을지 예측할 수 있다. 기업 이 예상 전망치를 뛰어넘는 실적과 향후 긍정적인 가이던스를 제시 하면 매수세가 커지며 주가는 상승한다. 반대로 예상치 보다 낮은 실적이 발표되거나, 향후 가이던스가 기대에 미치지 못하면 실망감 에 매도 물량이 나오며 주가는 하락하는 경향이 있다.

따라서 기업의 실적이 좋아질 것이라고 예상된다면 실적 발표 전 미리 주식을 매수해 두고, 어닝 서프라이즈(기업의 영업 실적이 시장 예 상치를 훨씬 뛰어넘는 깜짝 실적)와 같은 좋은 실적이 발표되면 주가 상 승과 함께 매도해 수익을 확정할 수 있다.

2020년 코로나19 영향으로 기업들은 광고와 마케팅 비용을 축소 했고, 구글(GOOGL) 역시 이 여파를 피할 수 없었다. 구글은 매출의 약 80%가 광고에서 발생하기에 광고 시장 위축은 주가 부진으로 고스란히 이어졌다.

하지만 2021년부터 경기 회복 기대감으로 그동안 지연됐던 여 행, 레저, 엔터테인먼트, 소매업 등의 광고 물량이 개선되기 시작됐 고, 구글과 메타 같은 매출 내 광고 비중이 큰 기업의 실적 향상이 예상됐다.

실제로 구글의 2021년 실적 발표일인 2월 2일, 4월 27일, 7월 27일마다 좋은 실적이 발표되며 주가는 상승했고, 이러한 실적 발표일을 매도 타이밍으로 고려했다면 원하는 수익을 올릴 수 있었다.

반대로 실적 발표일에 발생한 주가 하락을 매수 기회로 활용할 수도 있다.

실적 하락의 원인이 시대의 변화에 적응하지 못한 기업의 매출 하락이나 경쟁사의 기술 개발 등으로 경제적 해자를 위협받게 된 결과라면 이는 앞으로도 기업의 이익에 악영향을 미칠 수 있다.

하지만, 실적이나 가이던스의 하향 원인이 기업의 이익에 지속적인 영향을 미칠 요인이 아니라면 실적 발표 후 하락한 주가는 짧은 시간 안에 탄력적으로 회복된다.

■ ······ 구글(GOOGL)의 주가 흐름(2020. 12. 1~2021. 7. 31)

출처: barchart.com

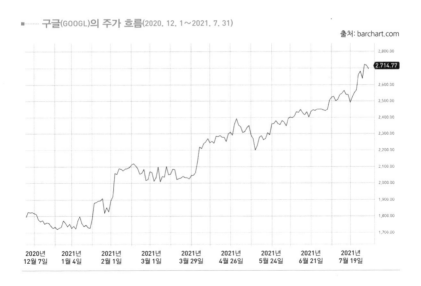

미국 주식 투자 습관

세계 최대 커피전문점 스타벅스(SBUX)는 코로나19의 재확산 영향으로 2021년 1월 26일 기대에 못 미치는 실적을 발표하며 주가가 −7%가량 급락했다.

매출이 전년 동기 대비 5% 감소했고, 회사는 미국 점포의 매출 감소가 코로나19에 따른 매장 폐쇄와 운영 시간 단축의 영향이라 설명했다.

다만 미국 내 매출 감소에도 불구하고 미국에 이은 세계 2위 시장인 중국의 매출은 조금 다른 양상을 보이고 있었다. 코로나19를 더 일찍 겪은 중국은 팬데믹 이후 처음으로 점포당 매출이 플러스로 전환되고 있었다. 따라서 중국의 매출 변화처럼 미국도 본격적인 백신 접종이 시작되면 스타벅스의 매출이 개선될 수 있을 것이

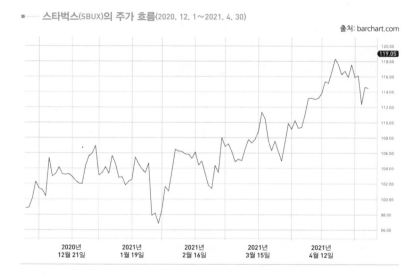

■ ─ 스타벅스(SBUX)의 주가 흐름(2020. 12. 1~2021. 4. 30)

출처: barchart.com

라 기대할 수 있었다.

실제로 중국과 같이 미국도 소비 회복 국면에 접어들면서 실적 발표 후 일시적으로 하락했던 스타벅스의 주가는 빠르게 반등했다.

실적 발표일이 중요한 것은 주가의 변동성이 커지는 시기이자 기업들의 주요 일정을 미리 확인할 수 있는 날이기 때문이다. 앞서 '예정된 미래'로 언급한 각 기업의 주요 이벤트 일정들이 주로 실적 발표일에 맞춰 함께 안내된다. 따라서 실적 발표일을 기점으로 나오는 뉴스에서 기업의 중요 이벤트는 일정표에 미리 메모해 매수 시점으로 활용해 보자.

미국 주식의 실적 발표는 분기별로 연 4회 실시되며, 1월, 4월, 7월, 10월 중순부터 시작된다. 각 기업별 실적 발표일은 어닝위스퍼

■ ───── 2022년 2월 둘째 주 주요 기업 실적 발표 주간일정표

출처: Earningswhispers twitter

사이트(earningswhispers.com)를 통해 쉽게 확인할 수 있다.

특히 어닝위스퍼의 트위터 계정(twitter.com/ewhispers)에서는 실적 시즌에 맞춰 주요 기업들의 실적 발표 주간일정표를 제공하고 있어 유용하게 활용할 수 있다.

▦ 선수 교체 매매

─── 동일 업종 내 선수 교체

선수 교체 매매는 지금 잘나가는 업종 중 많이 오른 종목을 매도하고, 덜 오른 종목을 매수해 교체하는 방법이다. 이는 비슷한 업종 간에는 주가가 유사하게 흘러가는 섹터 동조화Coupling 현상이 발생하기 때문이다.

사업 모델이 비슷한 비자와 마스터카드의 주가를 비교해 보면 오를 때 같이 오르고 내릴 때 같이 내리는 것을 확인할 수 있다. 만약 비자의 주가가 먼저 크게 상승했다면, 마스터카드 주가 또한 이를 쫓아갈 가능성이 높다.

반도체 대장주 엔비디아(NVDA)와 AMD의 2021년 상반기 주가 흐름을 비교해 보자. ARM 인수 소식과 주식 분할 이슈로 호재가 겹친 엔비디아의 주가는 2021년 5월부터 두 달간 거침없이 상승했다. 그 후 7월 말부터 엔비디아의 주가는 숨 고르기를 시작했고, 그

■ 엔비디아(NVDA)와 AMD의 주가 흐름(2021. 3. 1~2021. 7. 31)

출처: Yahoo Finance

동안 쉬고 있던 AMD의 주가가 열심히 엔비디아의 주가 상승분을 쫓아갔다.

이처럼 관심 있는 업종 중 상대적으로 덜 오른 기업을 매수하는 방법을 통해 더 큰 수익을 확보할 수 있다. 또한 동일 업종 중 이미 주가가 많이 오른 종목은 매도하고, 비교적 덜 오른 종목으로 교체함으로써 종목은 바뀌어도 업종에 대한 투자는 유지할 수 있다.

• 업종 내 덜 오른 종목 찾는 방법

특정 업종 중 가장 덜 오른 주식을 찾는 방법으로 핀비즈 사이트 (finviz.com)를 활용할 수 있다.

만약 금융 업종 주식 중 상대적으로 덜 오른 주식을 찾고 싶다면, 먼저 핀비즈의 'Screener' 메뉴에서 'Sector(업종)'를 'Financial(금융)'로 설정한다. 그리고 'Market Cap(시가총액)'을 'Mega($200 bln and

■······ 핀비즈를 활용한 업종 내 덜 오른 종목 찾는 방법

출처: finviz.com

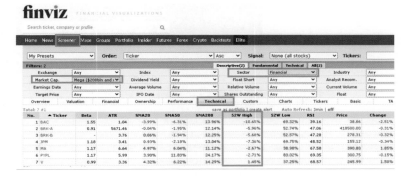

more)'로 적용하는데, 이는 시가총액의 크기가 큰 대형주일수록 안전하기 때문이다.

이 과정을 거친 후 'Technical'을 클릭하면 위와 같은 화면을 확인할 수 있다. 이는 금융 업종 중 시가총액 2천억 달러 이상의 비교적 규모가 큰 우량한 주식을 필터링한 것이다.

이중 '52W High'는 52주 고점 대비 하락한 비율로, 지난 1년간 주가의 고점 대비 현 주가가 얼마나 하락해 있는지를 보여준다.

만약 금융주에 투자를 하고 싶다면 52주 고점 대비 하락한 비율이 가장 큰 뱅크오브아메리카(BAC)를 투자 대상으로 고려할 수 있다. 이는 금융 업종 중 다른 주식에 비해 아직 주가가 덜 오른 만큼 앞으로 주가가 상승할 여력이 더 크다 판단할 수 있기 때문이다.

같은 방식으로 Sector를 원하는 업종으로 선택해 다른 산업분야

에서도 동일 업종 중 다른 종목 대비 주가가 덜 오른 주식을 찾을
수 있다.

포트폴리오 비중에 따른 선수 교체

업종 내 종목 간 선수 교체를 좀 더 확장시킨 방법으로 포트폴리오
상 선수 교체 방법이 있다.

먼저 아래의 표와 같은 업종별 대표 종목으로 전체 포트폴리오를
구성해 운영하고 있다고 가정해보자. 어느 날 평소 매수하고 싶었
던 애플의 주가가 크게 하락해 매력적인 가격에 도달했고, 매수할
현금이 없다면 포트폴리오 중 교체될 선수를 골라 변경해주는 방법
을 고려할 수 있다.

애플은 빅테크 플랫폼 기업으로 업종이 동일한 마이크로소프트
와 교체를 시도해 볼 수 있다. 마침 마이크로소프트의 주가는 상승
해 이미 어느 정도 수익이 나고 있다면 마이크로소프트의 비중을

■— 포트폴리오 구성 예

종목(티커)	업종	비중
마이크로소프트(MSFT)	빅테크 플랫폼	20%
나이키(NKE)	소비재	20%
엔비디아(NVDA)	반도체	20%
어도비(ADBE)	소프트웨어	20%
코카콜라(KO)	식음료·필수재	20%

미국 주식 투자 습관

줄이고, 그 비중만큼 애플을 포트폴리오에 편입할 수 있다. 마찬가지로 중국 불매 운동으로 나이키의 주가가 과하게 빠졌다고 판단돼 포트폴리오에 편입했지만 시간이 지나서 어느 정도 주가가 회복됐다면 나이키를 매도하고, 소비재 영역 중 투자 매력도가 더 높은 주식으로 교체할 수 있다.

핵심은 포트폴리오에서 많이 오른 종목을 내보내고 덜 오른 종목을 편입하는 것이다. 또한, 새롭게 편입을 하고 싶은 주식이 있다면 포트폴리오 내 업종을 고려해 교체할 종목을 골라낸 후 투자 매력도를 비교해 매수를 결정한다.

▎ 타이밍이 필요 없는 모범생 우량주 매매

이벤트 기반, 선수 교체 등 매매의 기술들이 있지만, 이것저것 타이밍을 재지 않고 모아가고 싶다면 전고점 대비 하락률을 기준으로 분할 매수하는 방법이 있다.

주로 대형 우량주에 적용하기 좋은 방법으로, 이런 주식은 인기가 높은 만큼 늘 매수하려는 대기자들이 많아 주가가 하락해도 금방 회복되기 때문이다.

따라서 전고점 대비 -10% 수준이 되면 기계적으로 분할 매수를 시작하고, -20%, -30% 되는 시점에 추가 매수를 해 더 낮은 가격으로 모아가는 방법을 적용할 수 있다.

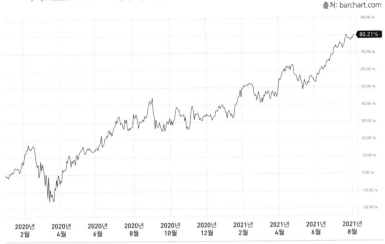

빅테크 대형주 중 모범생으로 불리는 마이크로소프트(MSFT)의 2020년 1월 1일부터의 주가 흐름을 보자. 2020년 3월 코로나19의 영향으로 큰 폭의 조정을 겪은 후 3개월 만인 2020년 6월 전고점을 회복했고, 이후 다시 주가는 80% 가량 꾸준히 상승했다.

주가가 코로나19로 조정받은 이후에는 계속 상승해 매수할 기회가 없었다고 생각할 수 있다. 그러나 그래프를 자세히 보면 1년간 여러 차례 전고점 대비 −10%가량 하락한 순간들이 있었고 조정을 거친 후 다시 상승한 것을 확인할 수 있다.

따라서 전고점을 기준으로 −10% 하락하는 시기에만 꾸준히 매수해가는 방식만으로도 우량주를 좋은 가격에 모아갈 수 있다.

이러한 방법은 코로나19로 위기를 겪었던 2020년 3월에도 유용하게 적용됐다. 당시엔 주가가 얼마나 빠질지, 어디가 바닥인지 도저히 알 수 없는 상황이었고, 하루에도 -10%가량씩 주가가 하락했다.

그럼에도 대형 우량주는 안전할 것이라는 판단에 마이크로소프트 주식을 매수하기 시작했다. 투입할 수 있는 현금을 3등분해 -10% 시점에 매수를 시작했고, -20%, -30% 되는 시점에 추가 매수를 했다.

다행히 주가는 전고점 대비 -30% 가까이 하락한 후 다시 반등하기 시작했다. 급격한 폭락장에서도 우량주는 -30% 이상 빠지지 않으며, 주가 회복력 또한 빠르다는 것을 확인할 수 있었다.

이왕이면 싸게 사는 팁

RSI 보조지표 활용 매매

한 해에도 몇 번씩 주식 할인 기간은 반드시 돌아온다. 장기간 우상향한 주식도 주가를 자세히 펼쳐보면 상승과 하락을 반복하며 상승의 흐름을 이어가기 때문이다.

주식의 할인 기간이란 주식을 사려는 사람보다 팔려는 사람이 많은 과매도 구간을 의미한다. 이 시기에는 투자 심리가 악화 돼 매도세가 몰리면서 주가가 떨어진다. 반대로 주식을 사려는 사람이 팔

출처: barchart.com

려는 사람보다 많아 시장이 과열된 과매수 시기라면 평소보다 비싼 가격에 매수할 가능성이 높다. 이처럼 단기 과열 신호를 파악할 수 있는 보조지표로 RSI 지수가 있다.

RSI Relative Strength Index (상대강도지수)란 주가의 상승과 하락의 상대적 강도를 0부터 100까지 숫자로 보여주는 지수다. 주로 기술적 과열을 점검할 수 있는 지표로 활용된다. 일반적으로 RSI 30 이하로 하락 시 과매도 구간에 진입했다 분석하며, RSI 70 이상이면 과매수 구간으로 본다. 다만, 이를 '보조'지표라고 칭한 것은 주식 선별의 주요 기준이 아닌 매매 시 참고하는 지표이기 때문이다.

위 그림은 2019년 8월부터 2년간 애플(AAPL)의 주가 그래프로 주가는 상승과 하락을 반복하며 우상향하고 있다. 그래프 하단은 보조지표인 RSI를 표시한 것으로 RSI가 70 이상으로 주가가 과열된 후 하락하는 조정이 왔으며, RSI 30 이하일 때 단기 저점을 형성한 것을 확인할 수 있다.

따라서 독점성과 확장성을 지닌 기업을 선별한 후 RSI 보조지표를 확인해 현재 주가가 과매도 되어 저렴한 상황이라 판단된다면 좀 더 적극적으로 매수하고, 주가가 과열된 상태라면 속도를 조절하며 매수할 시기를 좀 더 기다려볼 수 있다.

배당률을 활용한 배당주 매매

켈리 라이트는 저서 《절대로! 배당은 거짓말하지 않는다》에서 배당률이 고점에 도달하거나 고점을 상회한 기업을 매수하고, 배당률이 역사적 저점에 도달하면 차익을 실현하는 방법을 제안한다.

이는 배당을 지속적으로 지급해 온 기업이라면 그동안의 배당률을 기준으로 주가의 고평가 혹은 저평가 여부를 파악할 수 있기 때문이다. 배당률은 기업의 주식 한 주당 연간 배당금을 주가로 나누어 산출한다.

예를 들어 주가가 50달러인 주식의 1주당 연간 배당금이 1달러라면 1달러를 50달러로 나눈 2%가 현재의 배당률이다. 배당금은 그대로 유지되고, 주가만 25달러로 하락했다면 배당률은 1달러를 25달러로 나눈 4%가 된다. 반대로 주가가 상승해 100달러가 되었다

주가	25달러	50달러	100달러
배당률	4.0%	2.0%	1.0%

(1주당 연간 배당금 1달러 기준)

면 배당률은 1%가 된다. 따라서 배당률이 평소보다 높을수록 주가
는 하락했음을, 배당률이 평소보다 낮을수록 주가는 상승했음을 의
미한다.

　이를 활용해 5년간의 배당률Dividend Yield 범위에서 현재의 배당률이
상단에 위치했다면 주가가 저렴하다 판단해 매수하고, 하단에 위치
했다면 평소보다 주가가 높아졌다 판단해 차익 실현을 목적으로 매
도를 시작할 수 있다.

　스타벅스(SBUX)로 예를 들면, 최근 5년간 스타벅스의 배당률은
1.5~2.5% 범위 내에 있다. 현재 스타벅스의 배당률이 2%가 넘는
다면 주가가 저평가 되었다 판단해 매수를 시작할 수 있다. 반대로
배당률이 1.5%에 가까워지는 시점부터는 주식을 매도해 수익을 실

■⋯⋯ 2017~2021년 스타벅스 배당률 변화

출처: Seeking Alpha

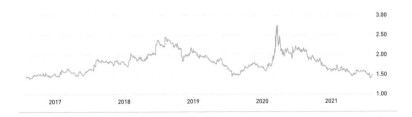

기업(티커)	5년간 배당률 범위	현 배당률	매매 판단
스타벅스(SBUX)	1.5~2.5%	1.5%	매수 보류
화이자(PFE)	3~5%	4.5%	매수 시작

현할 수 있다.

실제로 스타벅스의 2021년 7월 배당률은 5년 배당률 범위 중 가장 하단에 있으며, 당시 주가는 단기 고점인 120달러를 기록했다. 또한, 최근 5년간 배당률이 가장 높았던 2020년 3월에는 주가가 50달러로 단기 저점을 형성했다.

이처럼 5년간의 배당률 범위 중 현재 배당률의 위치에 따라 배당주의 매수, 매도 타이밍을 판단할 수 있다.

지금까지 매매 타이밍을 정하는 데 도움이 될 수 있는 전략을 소개했다.

한 가지 주의해야 할 것은 모든 매매가 수익을 실현하는 상황만 있는 것은 아니라는 점이다. 매수 당시 생각했던 투자 아이디어가 훼손되거나 예측하지 못했던 사건이 발생해 주가가 예상과 다른 방향으로 흐를 수도 있다.

따라서 '기간 내 ○○% 목표 수익률 달성 시 매도'라는 원칙을 세웠다면, 반대로 '매수가 대비 −○○% 이상 손실 시 매도'와 같은 손절 원칙 또한 반드시 세워두어야 한다. 수익뿐만 아니라 손실에 대한 원칙을 정해두지 않는다면 주가의 변동성이 커졌을 때 감정에 휩싸인 매도로 더 큰 손해를 야기할 수 있기 때문이다.

몇 % 손실 시 매도를 해야 한다는 정해진 공식이 있는 것은 아니다. 투자 과정을 통해 스스로 손절 원칙을 정해 나가야 하며, 기준을 정한 후에는 이를 지켜 손실을 최소화하는 것이 필요하다.

투자
습관
원칙
10

누구나 최저점에 매수해 최고점에 매도하는 예술적 매매를 꿈꾼다.

하지만 '바닥'과 '꼭지'는 모두 지나간 후에야 알 수 있다.

우리는 마켓 타이밍을 맞출 수 없다.

다만 변동성이 커지는 시기를 매매에 활용하거나,

자신만의 원칙을 세워 적립식으로 모아가는 방식을 택할 수 있다.

피터 린치는 뛰어난 기업의 주식을 보유하고 있다면

시간은 당신 편이라고 했다.

투자에서 가장 중요한 것은 타이밍이 아니라 기업이다.

나만의
투자 습관
완성하기

미국 주식 실전 매매 사례

이번 장에서는 지금까지 다룬 투자 실전 전략을 적용한 구체적인 미국 주식 매매 사례를 소개한다. 다양한 종목별 투자의 성공과 실패 사례를 다루며, 이러한 경험을 통해 무엇을 배우고 개선해 나갔는지 설명한다.

퀄컴 매수 한 달,
수익률 50% 달성기

▤ 투자 관심 분야는 '5G와 반도체'

2019년 3월 당시 '5G'는 곧 다가올 미래였고, 투자의 주요 테마였
다. 5G 도입에 따른 수혜 분야는 어디일지 고민하던 중 데이터 사
용량 급증으로 수요 증가가 예상되는 반도체 산업에 관심이 갔다.

반도체라면 인텔의 CPU 정도 알고 있던 내게 엔비디아는 PC방
최신 장비 홍보물에서나 보던 제품이었고, AMD는 여성 CEO의
인터뷰 기사로 알게 된 기업이었다. 반도체 제품을 세세히 이해하
기란 어렵기에 반도체 관련 산업의 종류와 분야별 1~2등 기업을
대략적으로 확인해 갔다.

반도체가 어디에 사용되고, 앞으로 얼마나 더 많이 활용될지 알

면 알수록 '데이터 시대의 금광'이라는 확신이 섰다. 금을 캐는 심정으로 한번쯤 들어봤던 반도체 관련 대표 업체들을 찾아 공부하던 중 눈에 띄는 기업이 있었는데 바로 퀄컴(QCOM)이었다.

통신 반도체 시장의 절대강자인 퀄컴의 과거 실적은 핸드셋(휴대전화) 세대교체 때마다 폭발적으로 성장해 왔다. 따라서 퀄컴은 4G에서 5G 스마트폰으로 교체되는 현시점에 대표 수혜주가 될 것이란 생각이 들었다.

5G 스마트폰 수혜주, 퀄컴

퀄컴의 매출은 통신 반도체 판매와 특허에 따른 로열티 수익 크게 두 가지로 구성되며, 각각 매출의 75%, 24%를 차지한다. 퀄컴은 자사 특허기술이 포함된 통신 칩을 생산해 스마트폰 업체에 공급함으로써 반도체 판매 수익과 더불어 로열티 수익까지 올리고 있었다. 무엇보다 이 로열티는 통신 칩 가격이 아닌 스마트폰 도매가격에 비례해 받고 있어, 업계에선 '퀄컴세'라고 부를 만큼 안정적인 수익을 올리고 있었다.

퀄컴의 독점성은 높은 시장 점유율에서 확인 가능했다. 뛰어난 기술력을 바탕으로 통신 반도체 분야 약 40%의 시장 점유율을 차지하며 오랜 기간 1위 자리를 유지하고 있었다. 특히 5G 스마트폰 통신 칩 중 가장 성능이 뛰어나 경쟁사들과 격차를 크게 벌리고 있었다. 이에 따라 5G 스마트폰 보급 초기 퀄컴의 시장 지배력은 더욱 강화될 것으로 예상됐다. 또한, 무선 통신 관련 필수적인 특허를 다수 보유하고 있어 대형 스마트폰 제조업체 대부분 퀄컴과 계약을 체결하고 있었다.

퀄컴은 독점성뿐만 아니라 확장성도 기대됐다. 5G폰의 반도체는 4G폰보다 크기와 무게는 줄어들고, 성능은 높아지는 고도의 기술력이 요구된다. 그만큼 칩 자체의 가격 또한 상승할 수밖에 없고, 칩 가격 상승은 퀄컴의 매출 증가로 이어진다. 또한, 5G폰 가격은 더 고가가 될 것이고, 기기의 출고가에 비례해 로열티를 받는 퀄컴의 수익 구조상 스마트폰 가격 상승은 곧 퀄컴의 수익 증가를 의미했다. 그러니 퀄컴은 확장하는 산업 분야의 독점적 지위를 누리고 있는 기업임에 분명했고, 매매 시점을 확인하기 위해 배당률을 보는 순간 "당첨!"을 외쳤다.

4.5%라는 배당률

반도체는 새로운 기술의 각축전을 벌여야 하는 분야로 투자가 많이 필요한 산업이다. 그만큼 배당금을 지급하는 기업 자체가 많지 않았고, 인텔과 같이 오랜 업력이 있는 기업이 아닌 이상 높은 배당률을 기대하긴 어려웠다.

2019년 3월 초 당시 퀄컴의 배당률은 무려 4.5%로, 5년 평균 배

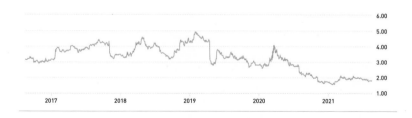

■········ 2017~2021년 퀄컴 배당률 변화

출처: Seeking Alpha

당률인 3.5%를 상회했을 뿐만 아니라, 최근 5년을 기준으로 배당률
이 가장 높은 수준에 도달해 있었다.

배당률이 높아졌다는 것은 그만큼 주가가 하락했음을 의미했다.
퀄컴의 주가가 부진했던 이유는 스마트폰 시장의 정체와 더불어
2017년부터 이어온 애플과의 소송 때문이었다. 애플은 통신 반도
체 분야 특허 최대 보유업체인 퀄컴이 독점적 지위를 이용해 과도
한 로열티를 부과했다 주장하며 손해배상을 요구한 상태였다. 퀄컴
또한 애플이 계약을 위반했다고 맞소송을 벌이고 있었다.

하지만 이러한 소송으로 퀄컴의 특허가 사라지거나 박탈되는 것
은 아니었다. 최악의 경우 로열티 산정 방식의 변화가 생길 수도
있지만, 5G 스마트폰 시장의 개화가 임박한 만큼 매출 증가는 예견
된 수순이라고 판단했다. 무엇보다 1년에 4.5%의 배당률이라면 배
당금만 받아도 나쁘지 않겠다는 심정으로 2019년 3월 퀄컴을 매수
했다.

갑자기 찾아온 호재와 주가 폭등

2019년 3월 퀄컴을 매수한 뒤 한 달쯤 지난 4월 16일, 갑자기 주가가 하루 만에 20% 이상 폭등하는 일이 발생했다.

당시 생각지 못한 뉴스가 들려왔는데, 애플과 퀄컴이 최대 270억 달러(한화 약 30조 원)에 달하는 세기의 특허 싸움을 접기로 전격 합의했다는 소식이었다. 결국, 라이선스 계약 합의에 따라 애플은 퀄컴에 로열티를 지급하는 것으로 2년간의 긴 소송을 마무리했다.

이 같은 애플의 소송 종료는 5G 스마트폰 경쟁 때문이라는 분석이 많았다. 애플은 퀄컴과 소송을 벌이며 인텔에서 5G 통신 칩을 공급받을 계획이었다. 하지만, 인텔의 칩 공급이 늦어지면서 5G 경쟁에 밀릴 것이란 우려가 커지며 애플이 전격 합의에 들어갔다는 것이다.

사실상 소송의 계기가 된 것은 애플의 아이폰 도매가를 기준으로 특허료를 부과하는 퀄컴의 로열티 산정 방식 때문이었는데, 퀄컴은 이를 유지할 수 있게 된 것이다. 퀄컴이 다른 기업도 아닌 애플에 아이폰이 한 대 팔릴 때마다 비용을 청구할 수 있는 막강한 독점력을 가진 기업이라는 것을 다시 한번 확인할 수 있었다.

두 기업 간 합의가 이렇게 갑자기 이뤄질지 예상하지 못했지만, 오랫동안 눌려 왔던 퀄컴의 주가는 단기간 폭발하듯 제 위치를 찾아갔다. 급작스러운 주가 상승에 어리둥절해진 난 어떻게 해야 하나 고민을 했다. 퀄컴의 투자 아이디어가 훼손된 것은 아니라 더 보

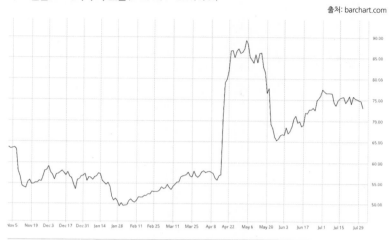

■ 퀄컴(QCOM)의 주가 흐름(2018. 11. 1~2019. 7. 31)

출처: barchart.com

유하고 싶은 마음도 있었지만, 단기 폭등 후에는 주가가 일정 기간 조정 혹은 횡보를 하기에 짧은 기간 수익을 실현하고 매도하는 것을 선택했다.

2019년 3월 매수 당시 퀄컴 평단가는 54.87달러였고, 2019년 4월 18일부터 분할 매도해 한달 만에 52.3%의 수익을 올렸다. 주식 매도 후 얼마 되지 않아 퀄컴의 주가는 예상대로 조정을 받았다.

지금 생각해도 퀄컴의 배당률 4.5%는 다시 보기 어려울 정도로 높은 수준이었다. 미국 주식투자를 시작한 지 얼마 되지 않아 얻은 단기간 화끈한 수익으로 '미국 주식은 우량주 위주로 가격이 눌려 있을 때 사면되는구나!'라고 쉽게 생각하게 됐다.

그러나 주식투자가 어렵지 않다며 자만하는 순간 이것이 초심자의 행운이었음을 깨닫게 되는 일이 곧 발생했다. 보잉과 함께한 험난한 추락이 시작됐기 때문이다.

코로나19 시대, 보잉과 함께한 추락

독점 기업을 찾아 나서다

초심자의 행운으로 2019년 4월 퀄컴 매수 한 달 만에 수익률 50%를 달성했다면, 보잉(BA) 투자는 악재에 미숙한 대처가 뼈아픈 손절로 이어진 사례였다.

퀄컴 매매로 자신감이 붙은 나머지 모든 산업 분야의 '독점' 기업을 찾아 나섰다. 절대 사라지지 않을 산업이지만 높은 기술 장벽과 규제 등의 이유로 플레이어가 많지 않은 시장, 그런 시장에서 압도적인 점유율을 차지하는 기업은 없을까 찾던 중 딱 걸맞은 기업을 발견했다. 바로 항공 분야 여객기 시장의 보잉이었다.

보잉은 전 세계 여객기의 50%가량을 전담 제조하는 세계에서 가장 큰 항공업체로 에어버스와 함께 상업용 비행기 시장을 독점하는 대표 기업이다. 항공 산업은 사라지지 않을 뿐만 아니라 오히려 더 큰 기술적 발전이 기대되는 분야로 국민의 생명과 국가의 안보와 직결되는 산업인 만큼 정부의 규제가 엄격하다. 그런 이유로 단 2개 회사가 시장을 독점하는데 이중 한 기업이 미국의 대표 기업이라니, 보잉은 정말 완벽하다고 생각했다.

보잉의 매출 구성은 상업용 비행기, 우주 방산, 글로벌 서비스 총 세 가지로 구성되며, 매출의 61%가 보잉 737, 747 등과 같은 여객기 개발 및 생산에서 발생한다. 여객기는 꾸준한 수요가 예상되는 분야로 이머징 국가의 소득 향상 시 해외여행 수요 증가와 물류 이동 확대로 시장의 확장도 예상됐다.

동시에 트럼프 정부 집권 후 중국과의 긴장감이 고조되면서 미국의 국방비 증가가 논의되고 있어 방산 산업도 영위하고 있는 보잉에 대한 매력도는 더욱 증가했다. 여기에 배당률 또한 2% 대로 안정적으로 지급하고 있어 보잉은 언제든 주가의 변동이 있을 시 우선적으로 매수할 기업으로 선별해뒀다.

잘못 끼운 첫 단추, 737MAX의 추락

보잉의 주식 매수 타이밍을 재던 중 2019년 3월 주가가 큰 폭으로 하락하는 일이 발생했다. 3월 10일 에티오피아에서 이륙한 보잉 737MAX의 추락으로 승객 전원이 사망하는 사고가 발생했고, 주당 446달러였던 보잉 주가는 365달러까지 20%가량 하락했다.

주가 조정을 기다리고 있었기에 망설임 없이 주식 매수를 시작했지만 사실 첫 단추부터 잘못 끼운 셈이었다. 이에 앞서 2018년 10월 29일 같은 기종인 737MAX의 사고가 이미 있었기 때문이다. 2019년 3월 발생한 사고는 두 번째 사건이기에 돌발 변동성이 아닌 지속적인 악재로 판단했어야 했으며, 매수에 좀 더 신중했어야 했다. 2018년 첫 사고 후 5개월 만에 주가는 다시 고점을 향했기 때문에 두 번째 사고에도 보잉의 주가가 다시 회복할 거란 안이한 판단을 했다.

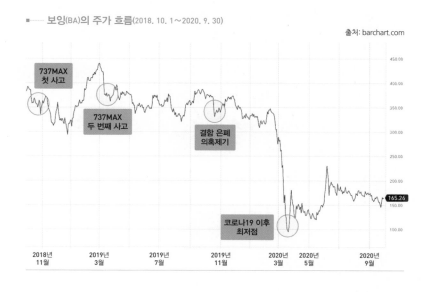

■········ 보잉(BA)의 주가 흐름(2018. 10. 1~2020. 9. 30)

출처: barchart.com

2019년 3월 중순 350달러 대로 매수한 보잉의 주가는 몇 달간 운항 재개 소식만을 기다리며 지지부진했고, 2019년 10월 737MAX의 운항 재개 결정을 앞두고 보잉의 결함 은폐 의혹이 대두되면서 두 달 뒤 결국 737MAX 생산 중단이 발표됐다.

반복된 악재 뒤 닥친 더 큰 재앙

지금 돌이켜보면 약간의 손해를 감수하고 보잉을 정리했어야 할 기회들의 반복이었다. 하지만 독점적인 민항기 생산 업체이자 미국의 상징 같은 기업이니 곧 회복될 것이란 믿음이 강했고, 737MAX의 생산만 재개되면 다시 주가도 가파르게 오를 것이란 욕심에 주식을 매도하지 못했다.

그러나 예상치 못한 더 큰 악재, 바로 코로나19가 발생했다. 340달러 대였던 보잉의 주가는 2020년 3월 18일 최저 89달러까지 정확히 1/4토막 났다. 코로나 사태를 겪고 나서야 왜 2008년 리먼 브라더스 사태 당시 사람들이 패닉에 빠져 주식을 못 샀는지 이해할 수 있었다. 최소 반 토막 난 주식들에 선뜻 손이 나가지 않았다. 지금 저 주가를 과연 '저점'이라고 할 수 있을지, 또 다른 하락의 시작은 아닐지, 지금 이 사태가 언제쯤 진정이 될지 그 어떤 것도 확신할 수 없었기 때문이었다.

결국 전 세계 코로나19 확산에 따른 항공업과 여행 산업 악화로 보잉의 주가가 오랜 기간 횡보할 것이라는 판단을 내렸다. 무엇보다 737MAX 문제라는 불확실성까지 남아있는 보잉의 주식보단 코로나 여파로 저렴해진 다른 기업의 주식을 매수하는 게 낫다는 생각에 2020년 5월 보잉 주가의 반등이 보이자마자 약 −50%가량의 손실을 확정 지으며 주식을 매도했다.

코로나19 당시 주식 생존기

코로나19 초기 상황을 떠올리면 아직도 아찔하다. 2020년 3월 9일 유가가 급락하면서 장이 시작하자마자 서킷 브레이커Circuit Breaker(주가가 과하게 오르내릴 때 시장 충격 완화를 목적으로 거래를 15분간 중단하는 제도, 7%, 13%, 20% 하락 시 발동)가 발동됐고, 15분간 거래가 정지됐다. 3월 12일에는 서킷 브레이커가 2회 연속 발동됐고 증권사 HTS 시스템이 다운돼 접속이 안 되기도 했다. 포트폴리오에서 수익률이 꽤 좋았던 주식들은 그간의 상승분을 대부분 반납했고, 보잉과 같은 악재를 내포한 종목들은 더 크게 하락했다.

내가 취했던 대응 방안은 보유 종목 중 우선순위를 매겨 현금화할 종목들을 골라 매도했고, 보유한 현금들을 탈탈 털어 융통 가능한 총액을 계산했다. 그리고 코로나 상황 이후에도 살아남을 주식 1~2개만 골라 해당 종목이 −10%, −20%, −30%까지 추가 하락할 때마다 얼마씩 더 투입할지 결정했다. 하락이 진행될 때마다 정해진 금액만큼 추가 매수를 진행했고, 수치에 따라 기계적인 매수를 하면서 오히려 심리적 안정감을 느꼈다. 다행히 2020년 4월 7일 자로 계좌는 플러스로 양전 됐고, 보유하고 싶었던 주식에 대한 비중도 확보할 수 있었다.

당시 가장 부러웠던 투자자는 코로나 직후 주식시장에 뛰어든 이들이었다. '지금 주식을 시작했다면 최소 몇 배의 수익은 얻을 수 있었을 텐데' 하는 생각으로 스스로를 괴롭히기도 했다. 하지만 지금은 미국 주식투자 시작 고작 2년 만인 비교적 이른 시기에 코로나19라는 대형 악재를 경험한 것이 정말 다행이라고 생각한다. 회복 가능한 수준으로 투자를 하고 있었기에 손실에도 비교적 유연하게 대처할 수 있었고, 시장을 떠나지 않고 남아서 할 수 있는 대응을 하면서 강도 높은 실전 경험을 할 수 있었기 때문이다.

▤ 보잉의 손절이 남긴 것

보잉의 악재에 이어 코로나19라는 통제 불가한 사건을 겪으면서 투자 습관에도 변화가 생겼다.

먼저, 기업에 예상치 못한 악재 발생 시 이것이 일시적인 것인가 아니면 기업을 침체에 빠트릴 만큼 장기적인 악재인가에 대한 분명한 판단이 필요하다는 것을 배웠다. 일시적인 이슈라면 변동성이 클 때 적극적으로 주식을 매수해야 하지만, 해결이 불확실한 악재 발생 시에는 주식을 매도해야 한다. 보잉의 악재를 일시적인 변동성이라 생각한 것은 오판이었다.

또한, 주식을 매수하기에 앞서 갑자기 예상치 못한 사건으로 주가가 반 토막이 나더라도 기꺼이 남은 현금을 더 투자하고 싶은 종목인지 한 번 더 고민하게 됐다. 지금 주가에서 추가적인 하락이 발생한다면 기쁘게 매수 버튼을 누르고 싶을지, 불안감에 잠 못 이룰지 생각해 보게 됐고, 자연스레 투자 종목 수가 줄어들며 집중 투자를 할 수 있게 됐다.

애플 분할 매수,
어머니 계좌에 사과나무 심기

▓ 배당으로 월세 받기 전략

미국 주식투자를 시작한 지 얼마 되지 않은 2019년 초, 어머니께 미국 주식 계좌를 만들어 드렸다. 어머니는 퇴직하면 얼마 되지 않는 국민연금으로는 생활이 어림도 없다며, 앞으로 곶감 빼먹듯 지내야 한다는 생각에 불안해하셨기 때문이다. 호기롭게 어머니 생애 최초 증권 계좌를 열어드렸고, 망설임 없이 미국 주식을 추천해드렸다.

　미국 주식은 분기별로 연 4회 배당을 지급하는 기업이 많기에 1월, 4월, 7월, 10월 배당을 지급하는 기업과 2월, 5월, 8월, 11월 배당을 주는 기업, 그리고 3월, 6월, 9월, 12월 배당을 지급하는 기업으로 포트폴리오를 구성해 1월부터 12월까지 어머니께 매달 배당으로 월세 같은 고정 수익을 얻게 해드려야겠다는 생각이었다. 그리고, 고배당주 위주로 매달 배당금을 받는 포트폴리오를 구성해드렸다.

█ 고배당의 함정

매달 월세처럼 배당을 받을 수 있으니 걱정하지 마시라고 했지만, 몇 달 뒤 이 계획에 두 가지 오류가 있음을 알게 됐다.

첫째, 투자 원금이 10억 정도는 돼야 배당률 4% 시 연간 4천 만 원, 이를 12개월로 나누면 월 330만 원가량의 배당을 받을 수 있다. 즉, 배당으로 안정적인 생활이 가능한 수준이 되려면 당연하게도 원금이 그만큼 커야 했다. 하지만 어머니의 투자금은 그 정도가 아니었기에 매월 배당금이 입금된다 해도 어머니 삶의 큰 변화가 생기는 수준은 아니었다.

둘째, 대부분의 고배당주는 주가 상승률이 크지 않다는 점을 간과했다. 어머니의 포트폴리오는 4~5%, 많게는 10%까지 배당률이 높은 주식인 부동산주, 금융주, 통신주 등으로 구성됐다. 이러한 회사들은 반도체나 소프트웨어 기업처럼 실적과 시장의 기대에 따라 주가가 가파르게 상승하는 고성장주라기 보다 꾸준한 배당을 지급하면서도 주가의 등락은 적어 안정적이라는 특징을 갖고 있었다.

어머니 계좌 성적표 0%

2020년 3월 코로나19가 휩쓸고 간 주식시장은 4월부터 다시 상승하기 시작했고, 5월부터는 놀랍게도 코로나 이전 전고점을 뚫고 올라갔다.

IT 플랫폼 기업 비중이 컸던 내 포트폴리오는 비교적 빠르게 회복했지만, 어머니 계좌는 그동안 받아온 배당금을 제외하곤 수익이 0%에 가까웠다.

배당주에 편중된 포트폴리오 중 대부분 코로나19를 겪으면서 배당을 삭감하거나 중단하는 배당컷을 발표했고, 배당컷 발표와 동시에 주가는 회복 불능 상태가 됐다. 또, 매달 배당금을 일정하게 받겠다는 목적에 치중한 나머지 종목 수가 너무 많았다는 오류도 인정해야 했다.

어머니 포트폴리오를 배당 목적보단 성장주에 집중적으로 투자해 최대한 원금을 불려나간 후 배당주를 조금씩 편입시키는 방향으로 구성했어야 함을 뒤늦게 깨달았다. 그래서 2020년 4월부터 어머니의 미국 주식 대부분을 매도하고, 종목을 압축해 집중 매수를 시작했다.

▋ 작전 변경, 플랫폼 기업 중
종목 고르기

포트폴리오를 압축하는 만큼 최선의 기업을 선택해야겠기에 미국의 대표 플랫폼 기업을 물망에 올렸다. 아마존, 구글, 메타, 마이크로소프트, 그리고 애플 중 어느 기업을 선택해도 주가는 우상향할 것이 분명했다. 하지만 지금 시점에서 어떤 주식을 고르는 것이 가장 좋은 선택일지 고민했다.

구글과 메타는 매출 중 광고 비중이 가장 크기에 광고가 극감하고 있는 현시점 보다 광고 시장이 회복되는 시기에 투자하는 것이 더 낫다 판단했다.

이 중 애플(AAPL)은 아마존, 구글, 메타 등과 같은 인터넷 플랫폼 기업에 들어가는 입구라는 생각이 들었다. 미국 대형 플랫폼 기업에 접근하려면 기본적으로 디바이스가 필요한데, 이 디바이스를 제공하는 곳이 애플이기 때문이다. 우린 애플 기계 위 아마존, 페이스북, 넷플릭스, 구글 등의 아이콘을 클릭해 해당 플랫폼으로 접속하는데, PC보다 모바일 접속이 대세가 된 지금 애플은 IT의 영역이라기보다 필수소비재에 가깝다는 결론을 내렸다. 게다가 오랜 업력을 바탕으로 배당금도 주고 있으니 주가의 상승과 배당이라는 두 마리 토끼를 모두 잡을 수 있겠구나 싶었다.

무엇보다 코로나19로 재택근무가 늘고, 학생들의 전면 원격 수업이 실시되면서 아이패드, 맥북 등의 수요 증가가 예상됐고, 실제로 아이들 각자 수업을 들어야 하기에 아이 명 수 만큼 아이패드를 구매했다는 지인들의 소식이 들리기 시작했다.

경제 위기에도 반드시 소비할 수밖에 없는 필수소비재 성격의 IT 기업, 코로나19로 오히려 매출이 증가하는 기업, 거기에 배당까지 준다니 어머니 주식 계좌에 넣어두고 기다리면 잘 성장해나갈 씨앗으로 애플보다 더 적합한 주식은 없었다.

▤ 사과나무 심기 시작

2020년 4월 말부터 애플 주식을 매수하기 시작했고, 7월 22일부터

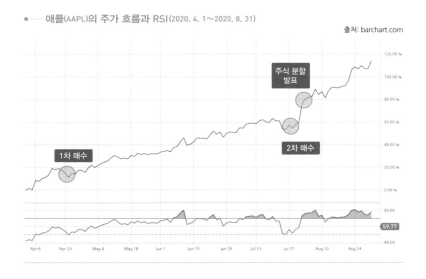

■ 애플(AAPL)의 주가 흐름과 RSI (2020. 4. 1~2020. 8. 31)

출처: barchart.com

있었던 일주일간의 주가 조정 시기에 남아있는 현금을 모두 투입해 2차 매수를 마무리했다. 당시 매년 9월에 실시하던 애플의 신제품 공개 행사가 코로나19에 따른 생산 차질로 10월까지 연기될 것이란 전망이 제기됐다. 여기에 골드만삭스에서 신제품 출시 시점의 불확실성 등을 이유로 애플 주식 투자를 피해야 한다는 보고서까지 내놓으면서 주가가 조정을 받았다.

하지만 생산 차질이 애플 자체의 문제라기보다 코로나19라는 특수 상황 때문이었고, 신제품이 나오면 또 없어서 못 판다는 뉴스가 나올 것이라 확신했기에 자신 있게 추가 매수를 진행했다. 골드만삭스의 보고서에 주가를 방어해야겠다는 생각이 들었는지 2차 추가 매수를 끝낸 7월 31일, 애플은 주식 분할이라는 호재를 발표했다. 그리고 주가는 8월 31일, 4대 1로 주식 분할이 실시되던 날까지 쉼 없이 올랐다.

애플은 최고의 선택이었다

2020년 5월 당시 아마존(AMZN), 구글(GOOGL), 메타(FB), 마이크로소프트(MSFT), 애플 중 애플에 투자한 것이 과연 현명한 선택이었는지 확인하기 위해 당해 연말을 기준으로 주가 수익률을 비교해 보았다. 다행히 2020년 5월 1일부터 연말까지 애플의 주가는 80.65% 상승하며 다른 4개 기업 대비 압도적인 성과를 기록했다.

동일 기간 메타는 31.38%, 아마존과 구글은 각각 28.80%, 28.17% 상승했고, 배당을 준다는 공통점으로 마지막까지 고민했던 마이크로소프트는 21.47% 상승을 기록했다.

미국보다 먼저 경기 회복 국면에 접어든 중국 내 아이폰 점유율이 화웨이 스마트폰의 몰락으로 크게 증가했고, 재택근무와 원격 수업으로 맥북과 아이패드 매출도 늘었기 때문에 주가도 큰 폭으로 상승했다.

미국 대표 플랫폼 기업으로 유사한 주가 흐름을 보이는 5개의 기업의 특성상 2020년에 다소 부진했던 구글과 메타의 주가는 2021년도 광고 시장 회복과 함께 상승할 것이라 예상됐다. 반면 애플 주식이 다른 플랫폼 주식 대비 크게 상승한 만큼 2021년 초에는 다소 조정이 있을 수 있겠다는 판단이 들었다.

이에 따라 지금까지 '수익 0원'이라는 불명예에서 벗어나 수익을

■ ──── 애플(AAPL), 아마존(AMZN), 메타(FB), 구글(GOOGL), 마이크로소프트(MSFT)
　　　주가 흐름(2020. 5.1~12. 31)

출처: Yahoo Finance

미국 주식 투자 습관

한 번 확정짓고, 내년 농사를 위해 새로운 씨앗을 뿌려야 하는 시점이라는 생각에 2020년 말 애플 주식을 전량 매도했다.

계좌는 만질수록 줄어든다더니, 봄과 여름 단 두 번의 매수 후 잘 보유하기만 했던 애플 주식은 분기별로 배당도 꼬박꼬박 주며 씨앗에서 사과나무로 잘 성장했다. 그리고 이내 겨울에 80%가 넘는 수익의 열매를 맛보게 해주었다. 아무쪼록 앞으로도 어머니 미국 주식 계좌에 심은 씨앗이 나무로 자라 열매가 주렁주렁 열려 결실을 맺길 바라는 마음이다.

중국 주식 알리바바,
크리스마스의 악몽

⚏ 떨어지는 칼날을 잡다

중국의 인터넷 산업 전망을 긍정적으로 평가해 알리바바, 텐센트 등 중국 주요 인터넷 기업들로 구성된 ETF인 KWEB를 2020년 여름부터 매수했다. 중국 주식투자는 이 ETF 하나로 충분하다고 생각했지만 2020년 11월 3일 알리바바의 주가가 −10%가량 큰 폭으로 하락하는 일이 발생하면서 알리바바(BABA) 주식에 욕심이 생기기 시작했다.

주가의 하락 원인은 상장을 불과 사흘 앞둔 앤트그룹이 돌연 IPO 중단을 발표했기 때문이었다. 알리바바는 앤트그룹의 지분 33%를 보유하고 있으며, 앤트그룹은 알리바바의 알리페이 운영에서 시작해 분사 후 상장일을 확정한 상태였다. 앤트그룹은 중국 1위 핀테크 기업으로 전 세계 투자자들의 관심을 한 몸에 받고 있는 상황이었기에 갑작스러운 상장 중단은 모두를 놀라게 했다. 이는 마윈이 금융당국을 비판하는 발언 때문이란 분석이 나왔고, 중국의 내부 군기 잡기가 시작됐다는 신호였다.

이어 11월 10일, 중국 정부가 알리바바와 텐센트 등 거대 인터넷 기업들에 대한 규제를 강화하는 플랫폼 분야 반독점 지침을 발표하면서 알리바바 주가는 또다시 −10%가량 추가 하락했다. 며칠 새 −20%가량 하락한 주가를 보며, 알리바바가 망할 기업도 아닌데 이 정도까지 주가가 빠진 건 좀 과한 것 아닌가 생각했다. 앤트그룹 상장 취소 이슈는 이 정도면 주가에 충분히 반영됐고, 플랫폼 기업 반독점 지침은 기업에 대한 경고의 메시지이지 설마 살생부는 아닐 것이라고 판단했다.

알리바바, 텐센트로 대표되는 중국 플랫폼 기업의 영향력은 더 커지고 있고, 클라우드 서비스, 전자상거래, 핀테크 등 첨단산업을 선도하는 알리바바를 계속 괴롭히는 건 중국 스스로 자폭하는 거라고 믿었다. 그러니 이번 하락은 낙폭이 과도한 만큼 단기 수익 실현을 위한 좋은 기회라 판단해 알리바바를 두 차례에 걸쳐 매수했다.

▍ 급락과 시작된 크리스마스의 악몽

앤트그룹 상장 불발로 촉발된 핀테크 산업 규제와 플랫폼 반독점 규제는 슬프게도 일회성이 아닌 언제 끝날지 모르는 맹공의 신호탄이었다.

2020년 12월 14일 중국 정부는 플랫폼 기업 규제로 텐센트와 알리바바에 벌금을 부과하더니, 12월 22일 중국 경제정책을 논하는 경제공작회의에서 중점 과제로 반독점 규제를 내세웠다. 곧이어 주요 전자상거래 기업들이 소집됐고, 반독점 조사 사례 첫 타깃으로 알리바바가 선택됐다. 12월 24일 중국 당국은 알리바바 그룹의 반독점법 위반 혐의를 조사하고 있다고 공식 발표했고, 곧 반등할 것이라 믿었던 알리바바 주가는 또다시 −18%가량 급락했다.

▍ 투자 목적 재점검하며 정신 차리기

크리스마스이브 날, 알리바바 주가 급락으로 정신이 멍해졌지만 투자 목적이 무엇이었는지 다시 한 번 확인해야 했다. 알리바바 투자 목적은 단기 투자였다. 낙폭 과대 종목을 매수해 보유하다 이슈가 해결되면 매도하려 했고, 이미 포트폴리오에 중국 인터넷 관련 ETF를 보유한 만큼 알리바바 주식의 장기투자 목적은 없었다.

그런데 단기 바닥이라 생각했던 알리바바 주가는 더 떨어졌고,

알리바바 투자 목적이 훼손되었으니 더 이상 보유할 이유가 없었다. 중국 정부의 더 심각한 수준의 타격은 없을 수도 있고, 어쩌면 크리스마스이브인 오늘 이후 반등이 있을 수도 있었다. 하지만 오랜 기간 묶어놓을 돈이 아니었고, 불확실성이 해소되지 않은바 더 큰 고난의 시간은 겪고 싶지 않아 알리바바 주식을 전량 매도했다. 알리바바 주식 매수 기회를 기다리던 이들에겐 주가 하락이 크리스마스의 선물이었을지 모르겠지만, 주식 보유자 입장에선 악몽 같은 밤이었다.

그리고 다시 한 번 보잉과 함께했던 추락이 떠올랐다. 737MAX 이슈가 해결되면 반등할 것이라는 기대감에 이미 주가가 많이 빠졌다 판단하고 보잉 주식을 매수했으나 코로나19라는 악재를 만났다. 앤트그룹 상장 취소로 중국 대표 IT 기업인 알리바바 주가가 과하게 빠졌다 판단했지만 정부 규제라는 악재를 만나며 또 한 번 예측이 보기 좋게 빗나갔다.

중국 주식투자에 고전하는 이유

중국 주식투자가 미국 주식 보다 더 어려운 이유는 중국 국가 자체의 불확실성 때문이다. 마윈의 발언과 같은 정부 비판은 규제의 칼날을 부르고, 미국과의 패권 다툼 또한 현재 진행 중이다. 중국 집권체제와 미국과의 패권 경쟁이라는 두 가지 모두 불확실성을 내포하고 있기에 언제든 생각지 못했던 사건이 리스크로 발전될 수 있는 것이 사실이다.

중국 주식이 어려운 또 다른 이유는 미국과 달리 매수 단위가 크다는 점도 있다. 홍콩에 상장된 주식은 500주, 중국에 상장된 주식은 100주 등 기본 매수 단위가 커 첫 매수가가 전체 이익에 미치는 영향이 크다. 미국 주식은 처음 매수한 후 하락 시 점진적으로 수량을 늘려 평균 매수 가격을 조정할 수 있지만, 중국 주식은 매수 시점을 잘못 정하면 수량만 크게 늘어날 수 있다.

중국 주식투자가 어려운 마지막 이유는 중국 시장이 아직 낯설기 때문이었다. 중국 제품은 미국의 나이키, 스타벅스처럼 글로벌화된 브랜드보단 내수주가 많아 실제 접할 기회가 적다 보니 자연스레 믿고 기다리는 인내심을 갖기 어려웠다. 중국 시장에 대한 생소함에 불확실성까지 더해지니 투자에 조급함이 더 커졌다.

▌ 그럼에도 중국 주식에 투자해야 하는 이유

알리바바 주가는 2021년 1월 단기 반등했으나 계속된 정부의 규제정책으로 2021년에도 인고의 시간이 지속됐다. 중국 정부의 플랫폼 규제는 이커머스와 핀테크, 미디어까지 이어졌고, 알리바바는 중국 정부 규제의 상징적 기업으로 어려움을 겪었다. 정부의

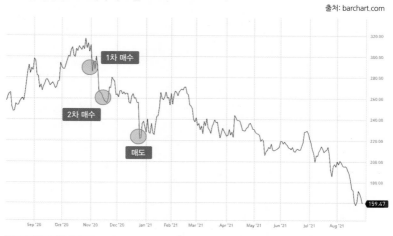

■····· 알리바바(BABA)의 주가 흐름(2020. 8. 1~2021. 8. 30)

출처: barchart.com

강력한 정책에 가려서 규제가 완화되는 신호는 보이지 않았고, 2020년 12월 매도 당시 220달러였던 알리바바 주가는 2021년 8월 기준 160달러대까지 하락했다.

비록 알리바바 주식은 손절했지만 그럼에도 중국 시장의 발전 가능성은 의심의 여지가 없다. 무엇보다 폭발적인 중국의 소비력은 전 세계를 움직이고 있기에 중국 주식은 일정 부분 포트폴리오에 포함해야 한다고 생각한다.

다만 알리바바 투자 경험을 바탕으로 중국 주식은 정부의 정책 방향을 명확히 이해하는 것이 무엇보다 중요하다는 것을 깨달았다. 개별 주식을 먼저 공부하기보다 중국 정부가 키우고 싶은 산업을 이해해 투자와 정책 스탠스를 맞춰 그에 적합한 주식을 고르는 것이 필요하다.

　알리바바 주식은 앞으로의 중국 주식투자 방향성을 정하게 해준 값비싼 투자였다.

3배 레버리지 ETF 투자,
위험을 관리하는 법

ETF에 관심을 갖게 된 이유

미국 주식투자를 처음 시작했을 땐 존 보글의 《모든 주식을 소유하라》라는 책 제목처럼 한 번쯤 관심 가는 종목들은 모두 매매해 보았다. 그러다 보니 투자금 대비 투자 종목이 점점 많아졌다. 집중 투자가 필요하다는 것은 알지만, 그럼에도 소유하고 싶은 욕망에 매도할 종목을 고르기 어려웠다.

포트폴리오의 종목들 중 반도체 산업 관련 주식이 많은 만큼, 해당 주식들을 매도하고, 반도체 산업군 전반에 투자하는 ETF를 매수해 종목 수를 줄이자 생각했다. 엔비디아, AMD, 퀄컴, ASML 등 반도체 관련 관심 있는 종목들이 모두 포함된 ETF를 매수하면

ETF 하나로 반도체 산업 전반에 투자하는 효과를 얻을 수 있기 때문이었다.

ETF가 개별 주식 수익률을 이길 수 있을까?

반도체 관련 개별 주식들을 정리하고 ETF로 갈아타려고 하니 한 가지 고민이 생겼다. '반도체 개별 주식들보다 ETF 하나에 투자하는 것이 과연 더 높은 수익을 낼 수 있을까?'라는 질문에 확신이 서지 않았다.

ETF 투자로 개별 주식보다 확실하게 더 높은 수익을 올릴 수 있는 방법은 없을지 고민하던 중 레버리지 ETF^{Leveraged ETF}에 대해 알게 됐다. 레버리지 ETF는 추종하는 지수 성과 대비 일정 배수의 수익을 추구하는 ETF다. 나스닥이 5~10% 변동성을 보인다면 3배 레버리지 ETF는 15~30% 이상의 변동성을 갖는다. 예를 들어 QQQ의 3배 레버리지 ETF인 TQQQ는 나스닥100 지수 일별 수익률의 +3배를 추구하는 대표 레버리지 ETF다.

레버리지 ETF의 위험성은 높은 변동성에 기인한다. 특정 업종에 집중하는 레버리지 ETF는 업종의 전망에 따라 기대 수익이 높아질 수 있지만, 변동성 또한 크게 상승한다. 해당 업종의 예상치 못했던 이슈가 발생하거나, 업종 내 큰 비중을 차지하는 기업에 문제가 생겼을 때 레버리지 ETF는 더 큰 위험에 노출될 수밖에 없다. 실제로

2020년 4월 국제 유가가 사상 처음 마이너스를 기록하는 사태 속에서 원유 선물 레버리지 상품들이 급락하거나 상장폐지에 이르는 등 극단적인 사례가 발생했었다.

무엇보다 미국 주식은 주거래 시간이 늦은 밤 잠든 이후의 시간이기 때문에 악재 발생 시 민첩한 대응이 어려울 수 있다.

따라서 특정 업종에 집중하는 레버리지 ETF의 경우 해당 산업의 전망과 ETF를 구성하는 대표 종목들에 대한 이해가 필요하며, ETF의 유동성과 지수의 대표성을 신경 써야 한다.

반도체 3배 레버리지 ETF, SOXL에 투자하다

반도체 장비, 설계, 파운드리 업체 등 대표 종목들에 대한 이해를 바탕으로 반도체 산업의 성장성에 대한 확신이 있었기에 반도체 3배 ETF인 SOXL^{Direxion Daily Semiconductor Bull 3X Shares}에 대한 투자를 고려했다.

SOXL은 반도체 ETF인 SOXX와 마찬가지로 아이스 세미컨덕터 섹터 인덱스^{ICE Semiconductor Sector Index}를 추종하며, 이 지수는 미국 상장 30개의 대표 반도체 기업들을 포함한다.

상장일은 2010년 3월 11일로 10년 이상의 운용한 이력이 있으며, 운용자산 규모^{AUM}는 39.1억 달러에 달해 안정적이라 평가하는

출처: etf.com, 2021년 8월 기준

구분	SOXL	평가
추종 지수	아이스 세미컨덕터 섹터 인덱스	미국 상장 반도체 30대 기업 성과 추종
상장일	2010년 3월 11일	10년 이상의 운용 이력 보유
운용 자산 규모	39.1억 달러	10억 달러 이상 시 안정적
운용보수	0.96%	SOXX 운용보수 0.46% 대비 다소 비쌈
주요 구성 주식 상위 10개 기업	엔비디아(10.5%), 브로드컴(7.8%), 인텔(7.0%), 퀄컴(5.5%), 텍사스인스트루먼트(5.1%), AMD(5.1%), 마벨테크놀로지(4.5%), ASML(4.2%), KLA(3.9%), NXP반도체(3.8%)	

운용자산 10억 달러 이상의 규모를 확보하고 있었다.

이처럼 SOXL은 운용자산규모와 지수 측면에서 대표성을 확보했다고 판단됐다. 운용보수가 다소 비싸지만 일반 ETF와 달리 레버리지 ETF 자체가 변동성을 이용한 높은 수익을 목적으로 하는 바 운용보수는 부차적인 문제라고 판단했다.

반도체 3배 레버리지 ETF인 SOXL의 2020년 1년간 주가 흐름을 보면 코로나19로 변동성이 더욱 극대화된 것을 확인할 수 있다. 코로나19 직전 20달러대였던 주가는 4달러까지 하락해 고점 대비 무려 -80% 이상 하락했다. 예상하지 못했던 이슈 발생 시 레버리지 ETF에 큰 위험이 따를 수 있음을 여실히 보여주는 부분이다.

하지만 이는 레버리지 ETF 투자 진입 시기가 얼마나 중요한지 보여주는 사례이기도 하다. 코로나19에 따른 급락 이후의 시점에서 SOXL에 투자했다면 4달러에서 32달러까지 1년간 약 8배의 수익을 올릴 수 있었다. 물론 주식투자에 있어서 시점을 맞춘다는 것은 불가능에 가까운 일이지만, 시장의 큰 하락이 발생했을 때 레버리지 ETF의 변동성을 활용한 매수 기회를 찾을 수 있다.

레버리지 ETF 매수 후 맞은 -20% 급락

보유하고 있던 반도체 주식 대부분을 매도하고 시장의 조정을 기다리던 2020년 6월 초, 드디어 반도체 3배 레버리지 ETF인 SOXL이 전일 대비 −8%가량 하락하기 시작했다. 진입 기회라 판단해 매수

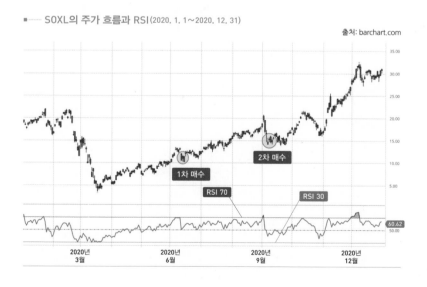

■ ──── SOXL의 주가 흐름과 RSI (2020. 1. 1~2020. 12. 31)

출처: barchart.com

를 시작했지만 매수 직후 -12%가량 추가 하락이 발생했다. 막연히 주가 등락이 크다 생각은 했지만 실제 매매를 해보니 하루 변동폭이 어마어마하다는 것을 절감했다. 개별 주식은 전일 대비 -5%라면 급락이라 하지만, 레버리지 ETF는 하루 평균 -5% 가량의 하락은 다반사였다.

매수 이후로도 이틀간 -5% 수준의 추가 하락이 더 발생했기에 매수하고 단 3일 만에 계좌가 -20% 이상 하락하는 경험을 했다. '레버리지 ETF는 계좌가 단기간 녹아버릴 수 있다'는 경고를 몸소 체험한 순간이었다. 무척 당황했지만, 총 투입 금액을 정하고, 1차 매수 후 -10%, -20%, -30% 하락 시마다 추가 투입할 현금 비중을 마련해 계획대로 추가 매수를 하며 평단가를 낮춰갔다.

이후 2020년 9월 발생한 급락장에서 추가 매수를 더 했고, 연말에 100% 가량의 수익을 실현하며 SOXL을 매도했다.

확실한 원칙이 필요한 레버리지 ETF 투자

레버리지 ETF를 직접 투자해 보니 개별 주식 매매와는 다른 접근이 필요하다는 결론을 내렸다.

첫째, 레버리지 ETF는 반드시 우상향할 것이란 확실한 믿음이 있는 종목에 투자해야 한다. 반드시 우상향 한다는 것은 미래의 확장성이 예상되는 산업이자 기초자산 자체의 대표성이 높고, 유동성이 풍부한 종목들로 구성된 ETF를 선택해야 함을 의미한다. 개별 주식 매수라면 자신만의 철학으로 남들이 모르는 시장을 선점해 골목을 기다린다고 할 수 있지만, 레버리지 ETF 매매 시 자신만의 유니크한 기초자산을 찾아 투자한다면 춥고 외로운 터널 끝 막다른 골목에 접어들 수 있다.

둘째, 레버리지 ETF 투자를 결정했다면 매수, 매도에 대한 자신만의 원칙이 있어야 한다. 전고점 대비 −30% 시 매수 시작, +30% 수익 시 매도 혹은 RSI 40 미만부터 매수 시작, RSI 70 이상부터 분할 매도 등과 같은 나만의 기준을 만들어 기계적으로 차분하게 대응해야 한다.

셋째, 레버리지 ETF 보유 중 −10% 이상 조정이 언제든 올 수 있다는 생각으로 항상 추가 대응할 수 있는 일정 비중 이상의 현금을 보유해야 한다. 오늘보다 내일 더 큰 조정이 나올 수 있다는 생각으로 한 번에 주식을 매수하지 않고 현금을 보유하며, 분할 매수해 나가야 한다. 급락이 올 때 현금이 있으면 추가 매수로 평단가를 낮추며 심리적 안정감을 갖고 대처할 수 있기 때문이다.

마지막으로 조급함은 금물이다. 주가의 상승이 클 때 더 오를 거란 생각에 급하게 매수하기보다는 때를 기다려야 한다. 주식시장에는 반드시 조정이 오기 때문이다. 개별 주식은 급하게 매수해도 하락이 발생하면 오랜 기다림으로 대응하거나 손절하는 방식을 취할 수 있다. 하지만 레버리지 ETF의 경우 기다릴수록 더 큰 하락을 볼 수 있고, 손절의 폭도 몇 배 더 커질 수 있다. 무엇보다 레버리지 ETF 주가가 손실 폭을 만회하고 다시 상승하기 위해서는 그 갑절이 되는 개별 주식의 상승이 있어야 가능하다는 점을 반드시 명심해야 한다.

SOXL의 2020년 1년간 주가를 보면 몇 번의 급락이 반복된 것을 확인할 수 있다. 그만큼 반드시 분할 매수하고, 본인이 정한 기준에 따라 매도해 수익을 실현하거나 손실을 최소화하는 것이 매우 중요하다.

레버리지 ETF 투자는 위험하니 무조건 접근하지 말자는 인식보다는 레버리지 ETF의 특징을 이해하고, 변동성을 이용해 자신의 투자 수익을 극대화하는 기회로 활용해 볼 수 있다. 하지만 자신이 어떤 상품에 투자하고 있는지 이해가 부족한 상태로 원칙 없이 매매한다면 레버리지 ETF 투자는 상당 부분 큰 손실로 이어질 수 있다는 점 또한 유념해야 한다.

IPO 기업 투자 도전기,
유니티·팔란티어·벨로다인

▤ 산업 리포트와 CES 기사를 보면
투자 방향이 보인다

미국 주식투자는 우량주 위주로 안정적인 수익을 추구해 왔기에 신규 상장한 주식에는 큰 관심을 두지 않았다. 이런 주식은 낙폭이 크기 때문에 상장 후 최소 3개월 이상 지켜보고, 실적을 확인한 후 매수해도 늦지 않다고 여겼다.

그런데, 2020년 9월부터 그동안 주목해왔던 유니티(U), 팔란티어(PLTR), 벨로다인(VLDR)의 연이은 IPO 소식이 들리면서 신규 상장 주식에 대한 투자를 고려하게 됐다.

미국 주식투자를 시작하면서 산업 관련 증권사 리포트를 꾸준히 찾아 읽었다. 특히 소프트웨어와 IT 분야 리포트는 미래를 예측하는 수정 구슬처럼 흥미진진했다. SF소설을 읽는 기분으로 관련 리포트들을 읽다 보니, 눈길을 끄는 비즈니스 모델을 지닌 기업이 있었다. 바로 유니티와 팔란티어였다. 이 2개 기업의 특징과 관련 산업 분야 등을 노트에 기록해 두고, 언젠가 상장하게 된다면 매수해 보고 싶다고 생각했다.

증권사 리포트 외에도 세계 최대 IT·가전제품 박람회인 CES 관련 기사들은 빠지지 않고 챙겨 봤다. 매년 1월 라스베이거스에서 열리는 CES 행사의 주제와 주요 제품들을 보면 산업 패러다임과 기술 동향을 파악할 수 있어 투자의 중장기적인 방향성을 세울 수 있기 때문이다. 2019년 1월 CES 행사에서 단연 돋보였던 이슈는 자율 주행차였다. 당시 자율 주행차의 주행환경 인식 기술로 라이다Lidar라는 기술을 처음 접하게 됐는데, 라이다 생산 대표기업인 벨로다인이 2020년 상장 계획에 있다는 내용을 메모해 뒀다.

▌ IPO 당일 처음 매수해 본 유니티

유니티는 2019년 초 AR·VR(증강·가상현실) 산업 관련 리포트를 읽다 알게 된 기업이었다. 게임 산업의 성장과 더불어 AR·VR 시장 확장성에 관한 전망이 주요 내용이었고, 게임 엔진이자 3D 콘텐츠 개발 대표 기업인 유니티가 언급돼 있었다.

게임 엔진은 개발자들이 해당 플랫폼에서 쉽게 게임을 개발할 수 있도록 지원해주는 프로그램이다. 게임 엔진 관련 시장을 찾아보니 사실상 유니티와 에픽게임즈라는 2개 회사가 시장을 독점하고 있었다. 특히 글로벌 100위권 게임사 중 90개 이상이 유니티의 고객이며, 모바일, PC, 콘솔 게임 중 50% 이상이 유니티의 게임 엔진으로 개발되고 있어 가장 널리 사용되는 프로그램임을 확인할 수 있었다.

무엇보다 시장의 확장성이 눈에 띄었는데, 유니티는 3D 게임뿐만 아니라 영화 등 미디어의 3D 콘텐츠 제작에 폭넓게 활용되고 있었다. 또한, 자동차 디자인과 건축 설계 등 그래픽 활용이 가능한 다양한 분야로 영역을 확장하고 있었다.

유니티의 주요 매출은 크리에이트(매출 비중 30%), 오퍼레이트(60%), 기타(10%)로 구성되었다. 크리에이트 부문은 게임 콘텐츠 제작 툴의 구독 매출이고, 오퍼레이트 부문은 게임 내 광고, 아이템 등과 같은 수익화를 위한 툴 사용 매출이다. 이처럼 유니티는 콘텐츠 개발뿐만 아니라 개발자의 수익화까지 고려해 게임 개발 전반에 대한 프로그램을 제공하고 있어 사업간 시너지 효과도 기대됐다.

독점성과 확장성 측면 모두에서 좋은 기업이라 판단한 유니티를 상장 시 비교적 저렴한 가격에 매수 해두고, 본격적으로 주가가 상승하면 수익을 실현하자는 계획을 세웠고, 곧바로 유니티의 IPO 일정을 확인했다.

유니티 상장일인 2020년 9월 18일, 미국 주식시장 개장 시간에 맞춰 주식을 매수하려고 했지만, 아무리 기다려도 매매가 되지 않았다. 답답한 마음에 검색해보니, 미국 주식은 상장 당일 개장과 함께 매매가 시작되는 것이 아니라 정규장 개장 후 1~3시간 정도 가격과 호가가 취합된 뒤 거래가 진행된다는 것을 알게 됐다.

정해진 시간이 없기에 당장 몇 시부터 매매가 시작될지 몰라 졸면서 대기를 하던 중 한국 시각으로 새벽 1시가 넘었을 때 갑자기 유니티의 주가가 정신없이 바뀌기 시작했다.

재빨리 매수 버튼을 여러 번 눌렀지만, 주가가 끊임없이 상승해 체결이 어려웠다. 이렇게 쫓아가며 매수하다간 고점을 잡을지도 모르겠다는 생각에 일정한 가격대가 형성되기까지 좀 더 기다렸고, 65~70달러 사이를 오가는 유니티의 주식을 매수할 수 있었다.

사실, 상장 당일 유니티는 시장에서 큰 관심을 받지 못했다. 비슷

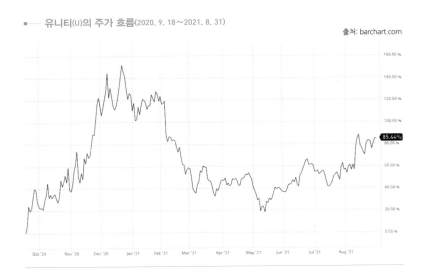

■ ─── 유니티(U)의 주가 흐름(2020. 9. 18~2021. 8. 31)

출처: barchart.com

미국 주식 투자 습관

한 시기 워런 버핏이 투자한 것으로 알려진 데이터 클라우드 기업 스노우플레이크Snowflake가 상장하면서 공모가 대비 두 배 이상 상승하며 스포트라이트가 쏠렸기 때문이다. 덕분에 유니티 주가는 공모가 52달러 대비 크게 오르지 못했고, 상장 당일 68달러에 유니티를 매수할 수 있었다. 2020년 12월까지 3개월 동안 유니티는 150%가량 상승했고 이후 몇 달간의 긴 조정을 받았다.

▤ 팔란티어 IPO 투자와 연이은 성공

팔란티어 또한 2019년 읽었던 여러 빅데이터 산업 관련 리포트에서 언급된 기업이었다. 팔란티어는 정부 기관과 기업을 대상으로 빅데이터 분석 서비스를 제공하는 업체로, '페이팔 마피아'로 잘 알려진 피터 틸Peter Thiel이 설립했다는 것만으로도 충분히 관심이 갔다.

페이팔 마피아는 2003년 페이팔을 이베이에 매각해 마련한 자금으로 벤처기업을 설립한 페이팔 출신 인사를 의미한다. 대표 유명 인사로 테슬라의 CEO 일론 머스크, 유튜브 설립자 스티브 첸 등이 있고, 특히 피터 틸은 페이팔의 창립자이자 페이스북 초창기 투자자로 유명하다.

팔란티어는 데이터 분석을 통해 연결성을 찾아 모든 것을 통찰한다는 비즈니스 모델을 갖고 있었다. 조직 내 분산되어 있는 막대한 양의 데이터를 통합, 분석해 의사결정을 위한 자료로 변환시켜주는 빅데이터 운영 및 분석 플랫폼을 제공하는 회사였다.

흥미로운 것은 데이터 분석을 통해 복잡한 네트워크에 숨겨진 테러 조직이나 마약 밀수, 금융 범죄 등을 적발하는 서비스를 제공하며 FBI, CIA, 국방부와 같은 정부 기관을 주 고객으로 두고 있었다는 점이다. 이처럼 민첩하고 정확한 정보 분석이 요구되는 정부 주요 기관들이 팔란티어 프로그램을 사용한다는 것은 제품의 경쟁력을 이미 확인받은 것과 같았다.

또한, 데이터가 창출할 수 있는 다양한 부가가치가 상승하면서 데이터를 분석해 유의미한 자료로 활용할 수 있는 시스템에 대한 수요도 함께 증가하는 만큼 팔란티어의 성장도 기대됐다. 특히 정부 기관을 주 고객으로 안정적인 매출을 확보하며, 민간기업으로 사업 영역을 지속적으로 확장해 나간다면 충분히 더 큰 수익을 올릴 수 있을 것이라 예상됐다.

팔란티어는 2020년 9월 30일 미국 시장에 상장했다. 유니티를 매매해 본 경험으로 시장 개장 2시간이 지난 후부터 매매 창을 확인하기 시작했고, CNBC 앱을 통해 팔란티어의 주식이 거래되기 시작했다는 속보를 본 후 매수를 시작했다.

팔란티어는 상장 첫날 기준가인 10달러보다 낮은 9.73달러로 주가를 마감했는데, 상장 당일 새벽까지 기다리며 매수한 노력에 비하면 당혹스러운 결과였다. 사실 유니티도 상장 이튿날에 주가가 더 빠졌었기에 며칠 더 지켜보자 싶었지만, 팔란티어 주가는 이후 한 달 이상 상장 기준가에 못 미치며 9달러대를 벗어나지 못했다.

이는 팔란티어가 직상장Direct Listing 방식으로 상장했기 때문이었다. 직상장은 신규 공모 없이 기존 주주들의 주식이 곧바로 상장돼 거래되는 방식이다. 상장 준비 기업 입장에선 상장 주간사 선정비용과 시간을 모두 절약할 수 있다는 장점이 있다. 다만 기존 주주들이 일정 기간 주식을 보유하고 있어야 하는 보호예수기간에 관한 규정이 없기에, 주요 주주들이 상장 직후 바로 지분을 매도할 수 있고, 이에 따라 주가는 시장의 수급에 큰 영향을 받게 된다.

이런 상장 방식에 대한 면밀한 검토가 부족했던 터라 상장 당일 다소 급하게 매수했다는 것에 후회가 들었다. 하지만 일단 첫 실적 발표일까지는 기다려보고, 실적에 따라 보유 혹은 손절 여부를 결정하자고 다짐했다. 이후 11월 12일 실적 발표를 앞두고 팔란티어

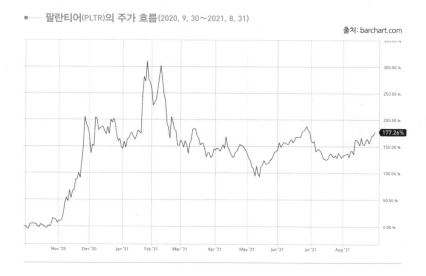

■……… 팔란티어(PLTR)의 주가 흐름(2020. 9. 30∼2021. 8. 31)

출처: barchart.com

주가는 기대감으로 상승하기 시작했고, 첫 분기 실적 발표와 대형 헤지펀드 등의 팔란티어 지분 대거 보유 내역이 공개되면서 2021년 1월까지 300% 가까이 급등했다. 하지만 유니티와 마찬가지로 급등 후에는 몇 달간 긴 조정이 이어졌다.

▌ -40% 손절한 벨로다인 투자 실패

2019년 CES 행사의 자동차 분야 키워드는 자율 주행차였다. 자율 주행 관련 다양한 기술과 제품들이 상용화를 앞두고 있었고, 자율 주행의 핵심 기술 중 하나인 라이다를 접하게 됐다. 라이다란 레이저빔을 활용해 빛이 물체에 반사된 후 돌아오는 시간을 측정해 거리에 대한 정보를 취득하는 기술이다. 라이다는 전 방향으로 레이저빔을 발사하고, 이를 센서가 다시 감지해 대상을 3차원으로 인식하며, 자율주행 차에서 눈과 같은 역할을 한다.

라이다 기업 중 가장 유명한 회사는 구글의 자율 주행 차량에 제품을 공급한 벨로다인이었다. 벨로다인은 라이다 센서 및 관련 소프트웨어 기업으로 2005년부터 라이다 사업을 해오면서 오랜 업력을 쌓고 있었다. 그만큼 경쟁업체 대비 다수의 고객과 프로젝트를 확보하고 있었고, 제품 또한 차량에 국한되지 않고 도로에 배치하여 교통 인프라를 개선하는 등 스마트 시티용으로도 활용되고 있었다.

벨로다인은 스팩SPAC 투자 방식으로 상장됐다. 스팩이란 '기업인 수목적회사Special Purpose Acquisition Company'의 약자로 비상장기업을 인수합병 해 상장시키기 위한 자금조달을 목적으로 설립하는 서류상의 회사이다. 이러한 서류상의 회사를 증시에 상장시켜 투자를 받은 후 비상장 회사를 합병하는 방식을 스팩 상장이라고 한다.

그라프 인더스트리얼(GRAF)이라는 기업인수목적회사가 먼저 증시에 상장했고, 2020년 7월 벨로다인과의 합병을 발표했다. 그리고 2020년 9월 30일 벨로다인과 그라프 인더스트리얼의 합병이 마무리되면서 기업의 티커는 GRAF에서 벨로다인Velodyne Lidar을 딴 VLDR로 변경됐다.

9월 30일 벨로다인과의 스팩 합병이 마무리되면 주가가 훨씬 더 상승할 거라 판단했기에 합병 전인 9월 초, 그라프 인더스트리얼의 주식을 20달러에 적극적으로 매수했다.

하지만 낙관했던 예상과 달리 합병이 완료되자 주가는 곤두박질치기 시작했다. 합병 전 25달러까지 상승했던 주가는 지속적으로 하락해 합병 한 달 만에 12달러까지 하락했고, 계좌 수익은 며칠 만에 -40%까지 빠졌다.

상장 직후 지속적으로 상승했던 유니티, 상장 후 한 달간 고생했지만 실적 발표 후 승승장구했던 팔란티어까지 IPO 기업 투자는 모두 만족할만한 성과를 거뒀다. 하지만, 합병만 하면 주가가 상승할 것이라 확신했던 벨로다인은 한동안 반등의 기미가 보이지 않았다.

전기차가 대세인 만큼 자율 주행 관련 부품인 라이다를 생산하는

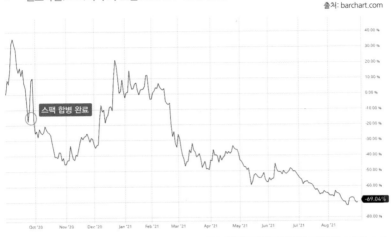

출처: barchart.com

벨로다인도 분명 시장의 관심을 받을 거라고 여기며 3개월의 시간을 버텼다. 그리고 2020년 12월 21일 중국 전기차 주가가 폭등하는 가운데 벨로다인과 바이두의 합작 발표가 나오면서 주가는 이틀 연속 20% 이상 상승했다. 당시엔 이제 본격적인 상승이 시작될 것이란 희망으로 버티길 정말 잘했다고 생각했다.

하지만 상승은 거기서 끝이었다. 2021년 2월 17일 벨로다인의 주요 투자자인 미국 자동차 회사 포드가 지분 매각을 발표했고, 이어 2월 23일 벨로다인 창업주가 이사회 의장직을 해임당하는 내부 이슈까지 발생했다. 또한, 2020년 4분기 실적 발표에서 차량 관련 사업의 파이프라인이 감소하고 전 분기 대비 매출 감소가 확인됐다. 포드의 지분 매각, 내부 경영진 갈등에 이은 실적 발표에 대한 실망으로 더 이상 보유하는 것이 의미가 없다 판단해 -40%로 벨로다인 주식을 손절했다. 이후로도 벨로다인의 주가는 -60% 이상 하락했다.

벨로다인 투자 실패로 기술에 대한 믿음과 상용화는 다른 차원이라는 것을 새삼 깨달았다. 특히 라이다의 높은 단가와 그로 인한 상용화의 어려움, 그리고 기술 발전 속도만큼 증가하는 경쟁업체들 사이에서 벨로다인이 어떻게 독점성을 유지할 수 있을지 고려하지 않았다는 것이 아쉬움으로 남는다.

또한, 자율 주행차는 다가올 미래이지만 현재는 전기차 관련 기업이 가시적 실적이 나오는 시기다. 따라서 전기차 보급 이후의 단계인 자율 주행차와 라이다 시장의 개화는 좀 더 긴 호흡으로 천천히 기술의 방향성을 확인하며 투자를 진행했어야 했다. 무엇보다 자율 주행 기술을 이끌고 있는 테슬라는 라이다가 필요 없다고 할 만큼 라이다 사용에 부정적 입장을 유지해왔다는 것과 이로 인해 자율 주행차에서 라이다를 대체할 기술이 지속해서 등장할 수 있음을 간과했다.

IPO 투자는 이렇게

IPO 기업 투자를 해보면서 상장 당일 폭주하는 주가를 잡기보다 상장 다음 날, 전날 종가를 고려해 매수하는 것이 오히려 심리적 안정감을 줬다. 첫날은 주가 변동 폭이 매우 커 첫날 어느 정도 시장가가 형성되길 기다리는 것이 필요하기 때문이다.

또한, 굳이 상장 당일이 아니더라도 관심 있는 기업이 있다면 락업Lock-up 해제일을 활용하는 방법도 있다. 락업 해제일은 보호예수 물량이 풀리면서 시장의 공급량이 많아지는 시기로 큰 폭의 주가 조정이 발생하기에 이를 이용하면 좋은 가격으로 매수가 가능하다.

IPO 당일 망설임 없이 발 빠르게 주식을 매수할 수 있었던 것은 이미 상장 전 산업 리포트와 관련 뉴스들을 통해 공부해두었던 기업이었기 때문이다. 따라서 앞으로 시장이 커질 것이라고 판단되고, 관심 있는 산업이 있다면 해당 분야 대표 기업에 대해 미리 학습해두는 것이 필요하다.

고점 대비 하락률에 따른
분할 매수, 테슬라

▤ 2018년 가을, 놓쳐버린 테슬라

2018년 가을, 전기차 관련 투자를 고민했으나 딱히 관심이 가는 완성차 기업이 보이지 않았다. 전기차 1등 기업은 테슬라인데 무얼 망설이냐는 남편에게 미국 주식에서 CEO의 영향이 얼마나 큰 줄 모른다며 되레 핀잔을 줬다.

당시 테슬라의 CEO 일론 머스크의 돌발 행동과 구설수는 엄청 났다. 테슬라는 6분기 연속 적자에 시달리고 있었기에 주주들은 버티는 나날을 보내고 있었다. 하지만 일론 머스크는 2018년 8월 갑자기 테슬라의 비상장전환 계획을 트위터에 올리더니 또 며칠 뒤 비상장전환 포기를 발표했다. 미국 증권거래위원회SEC는 트위터 내용을 문제 삼아 머스크를 사기 혐의로 고소했고, 벌금까지 부과했다. 그에 앞서 만우절에는 테슬라가 자금난으로 파산했다는 싸늘한 농담을 트위터에 올려 주주들의 공분을 샀고, 2018년 9월 한 생방송 팟캐스트 인터뷰에선 연신 마리화나를 피워댔다. 일론 머스크가 한 번씩 기행을 저지를 때마다 테슬라 주가는 출렁였고, 테슬라 수석 엔지니어 등 핵심 인재들이 줄줄이 회사를 떠난다는 소식들도 이어졌다.

모든 것이 악재뿐인 것 같던 그 가을이 지나자 테슬라는 보란 듯 2019년 3분기 흑자 전환했고, 2020년 자동차 산업 격변기에 테슬라발 전기차 기술 혁신을 이끌며 성공 가도를 달렸다. 테슬라 주식으로 백만장자가 된 사람을 뜻하는 신조어로 테슬라네어Tesla-naire가 등장할 만큼 주가는 고공 행진했고, 2018년 가을 투자 목록에서 제외한지 딱 2년 만에 테슬라 주가는 12배가량 상승했다.

▤ 전기차 이상의 플랫폼 기업

2018년에는 일론 머스크의 기행에 가려 테슬라가 엄청난 데이터를 보유한 플랫폼 기업이라는 본질을 파악하지 못했다.

테슬라는 소프트웨어와 하드웨어 기술을 모두 겸비한 자동차 이상의 기업이다. 이는 판매된 차량에 장착된 오토파일럿 시스템을 통해 막대한 실주행 데이터를 클라우드에 축적하기 때문에 가능했다. 테슬라는 운행 거리가 누적될수록 다양한 사례를 집중적으로 학습시키며, 알고리즘을 개선시킬 수 있다. 또한, 개선된 사항은 업데이트를 통해 다시 운행되는 테슬라 자동차에 적용돼 전기차의 핵심이라 할 수 있는 자율 주행 기술을 지속적으로 향상시킬 수 있다. 이미 관련 빅데이터를 보유하고 있는 것만으로도 무한한 가능성을 품고 있으며, 자동차 보험과 같은 구독 서비스를 도입하는 등 다양한 서비스 매출 확대도 예상됐다.

하드웨어라 할 수 있는 전기차 제조 측면에서도 그간 배터리 생산과 운용 경험을 바탕으로 배터리 원가를 절감하고, 비용 효율성을 높이고 있었다. 테슬라는 전기차 판매량 증가로 규모의 경제를 이룬 만큼 점차 고정비를 감소시키고 있다. 이를 통해 아직 생산 설비와 인력 측면에서 막대한 투자가 필요한 기존 자동차 업체들과 큰 격차를 확보하고 있었다. 무엇보다 테슬라는 주행 데이터 외에도 각 부품 관련 데이터도 축적한다. 이런 데이터도 분석해 배터리 효율성은 높이고, 사용량이 많지 않은 기능은 제거하는 등 하드웨어에 즉각적으로 적용하며 원가를 낮추고 있다. 테슬라는 이 같은 하드웨어와 소프트웨어 기술을 결합해 시너지를 발생시키며 타 전기차 기업과는 다른 방식으로 원가 혁신을 이루고 있었다.

소프트웨어와 하드웨어 기술을 겸비하고, 점차 기기 판매보다는 서비스 매출로 이윤을 추구하는 대표 기업이라면 바로 애플이 떠오르는데, 테슬라는 애플과 모든 면에서 흡사했다. 애플과 같은 강력한 팬덤을 형성하며 충성도 높은 고객을 확보하고 있고, 애플이 스마트폰을 통해 수집된 데이터를 활용해 스마트폰 판매 업체 이상의 플랫폼 기업이 되었듯, 테슬라의 미래 또한 이와 다르지 않다고 생각됐다.

▤ 2021년 봄, 다시 테슬라에 주목하다

2021년 초 테슬라를 다시 주목하게 된 계기는 미국이 전기차 시대의 개화를 앞두고 있기 때문이었다. 트럼프 정부 시절 연비 규제 완화로 미국의 전기차 시장은 중국, 유럽 대비 다소 뒤처졌다. 하지만 바이든 정부는 기후 문제 해결을 우선 과제로 삼고, 청정에너지와 저탄소 녹색 인프라 투자 계획을 밝혔다. 그만큼 연비 규제를 강화할 가능성이 커졌고, 미국 자동차 업계가 전기차 시장으로 전환되는데 가속이 붙을 것이라 예상됐다. 실제로 미국 정부는 보유 관용차 65만 대를 모두 전기차로 교체하고, 매년 5만 대씩 전기차를 구매할 계획을 밝혔다.

또한, 2021년 1월 바이든 미 대통령은 정부 기관이 물품이나 서비스를 조달할 때 미국 산을 우선으로 하는 '바이 아메리칸Buy American' 행정명령에 서명했다. 이에 따라 정부가 구입할 전기차는 모두 미국산 부품 비중이 50% 이상이어야 했다. 현재 미국에서 전기차를 생산하는 기업은 테슬라와 GM 정도이기에 테슬라의 수혜가 예상됐다. 그 밖에도 친환경 에너지 지원 정책을 담은 그린 액트^{Green Act} 법안 통과가 추진 중이며, 발효 시 전기차 세제 지원이 기존 대당 20만 대에서 60만 대로 늘어날 것이란 소식도 들렸다. 이처럼 미국 전기차 시장 수요를 자극할 요인이 풍부한 만큼 테슬라에 대한 관심도 다시금 커졌다.

전기차 시장의 확장성과 함께 주요 이벤트로 테슬라는 2021년 하반기 사이버트럭 출시를 앞두고 있었다. 북미 자동차 시장에서 픽업트럭이 차지하는 영향은 막강하고, 테슬라의 사이버트럭 출시는 실적 향상에 큰 영향을 줄 것이라 예상됐다. 또한, 물류 시장 내 테슬라의 세미 트럭 진출도 기대되는 포인트였다. 2020년 전기 승용차 시장을 테슬라가 주도했다면, 2021년 하반기부터는 전기차 트럭 시장을 테슬라가 이끌 것이라 예상됐다.

▤ 하락이 시작되자 계획대로 진행한 분할 매수

끊임없이 상승할 것만 같았던 테슬라의 주가는 2021년 1월 최고가 900달러를 찍고, 2월 한 달 만에 전고점 대비 −20%가량 하락했다. 또한, 2021년 3월 급격한 금리 상승에 따른 나스닥 하락이 길어지며, 테슬라 주가도 전고점 대비 −30% 이상 하락했다. 미국 금리 상승에 따른 밸류에이션 부담과 전기차 시장에서 글로벌 완성차 업체들과의 본격적인 경쟁에 돌입한다는 압박을 받았기 때문이었다.

대형 우량주의 경우 -10%부터 분할 매수를 시작해 -20%, -30% 되는 시점까지 추가 매수를 해 모아간다. 하지만 테슬라의 경우 그동안의 상승 폭이 컸기에 더 큰 조정이 예상됐다. 따라서 좀 더 보수적으로 -25% 이상 되는 시점을 기준으로 -35%까지 나눠 분할 매수를 진행했다.

-40%까지는 하락하지 않으리라 생각했지만, 테슬라에 비트코인이라는 변수가 추가되면서 주가의 하락 폭 또한 커졌다. 2021년 2월 테슬라는 비트코인을 15억 달러(한화 약 1조 7,000억 원)가량 사들이며 트위터를 통해 테슬라 차량을 비트코인으로 결제할 수 있다고 밝혔다. 이로 인해 테슬라 주가는 전기차 시장의 업황뿐만 아니라 변동성이 큰 비트코인 가격에도 영향을 받게 됐다.

5월부터 비트코인 가격이 하락했고, 일론 머스크는 비트코인을 이용한 테슬라 차량 구매 중단을 밝히는 등 여러 노이즈를 양산했다. 이에 따라 테슬라 주가는 전고점 대비 -40% 가까이 하락했다. 일론 머스크의 잇따른 구설수가 주가 하락 요인으로 평가됐는데 그의 기행은 2018년에도 이미 한차례 겪었기에 익숙했다. 기업의 펀더멘털 상의 문제가 아닌, 다른 이슈로 주가의 변화가 생겼을 땐 매수 기회였음을 깨달았으니 이번엔 계획대로 분할 매수를 완료했다.

2018년 가을 전기차 시장의 개화를 예상했던 이후 늘 아쉬움이 컸던 종목이자, 넥스트 테슬라를 찾아 헤맸던 날들을 떠올려 보면 이번 매수는 오랜 목마름의 해갈이었다. 2021년 초에만 해도 모두

출처: barchart.com

가 매수하고 싶다 이야기하던 테슬라 주식은 2021년 3월과 5월 두 차례의 큰 조정을 받으며 천덕꾸러기 취급을 받았다. 하지만, 주가는 6월부터 서서히 반등했고, 계좌 수익 또한 상승하기 시작했다.

세계적인 투자 전략가인 켄 피셔는 저서 《3개의 질문으로 주식시장을 이기다》를 통해 "미디어는 일종의 할인 기계"라 표현했다. 소음에 귀를 기울이되 그와 다르게 투자해 돈을 벌 생각을 해야 한다는 의미다. 2018년에는 테슬라의 소음에만 귀를 기울인 나머지 기업의 본질을 보지 못했다. 하지만, 2021년 다시 반복된 소음은 좋은 기업을 할인된 가격에 매수할 수 있는 기회로 인식됐다. 같은 기업에 다른 대응을 하게 된 것은 기업에 대한 본질적인 이해가 생겼기 때문이다. 이제 테슬라를 믿고 기다리는 일만 남았다.

실적 발표 변동성 매매, 메타(페이스북)

빅테크 기업 중 유일하게 관심 없던 종목

메타(구 페이스북)는 구글, 아마존, 마이크로소프트, 애플과 함께 미국의 대표 빅테크 기업이지만 다른 4개 기업과 달리 투자에 큰 매력을 느끼지 못했다.

이는 매출의 무려 97%가 광고 수익에서 발생되고, 이로 인해 빅테크 기업 중 글로벌 경기 민감도가 가장 크다는 특징 때문이었다.

매출에서 광고가 차지하는 비중이 크다는 것은 구글의 사업 모델과 비슷하지만, 구글은 클라우드 서비스라는 또 다른 매출 동력이 있는 반면 메타는 광고 수익 외에 별다른 성장 에너지를 찾을 수 없었다.

게다가 2021년 초부터 애플의 프라이버시 강화 정책으로 메타의 사업은 위협을 받고 있었다. 애플이 아이폰으로 페이스북을 이용하는 유저 대상으로 사용자 정보 추적에 대한 동의 여부를 확인받기 시작했기 때문이다. 애플 정책에 따라 정보 추적에 비동의하는 이용자가 늘수록 페이스북의 사용자 정보 수집은 어려워지고, 맞춤형 광고 서비스의 정교함은 떨어지게 된다. 이는 광고 효과 약화와 광고주의 이탈로 이어질 수 있기에 메타의 매출 성장 둔화가 우려되는 부분이었다.

이외에도 회사의 불운은 지속됐다. 페이스북과 인스타그램 등 주요 서비스 접속 장애가 발생해 이용자들의 불만을 샀고, 2021년 10월 초에는 내부 고발자가 방송에 출연해 인스타그램의 유해성 방치 등에 대한 폭로를 시작했다.

이에 따라 주가는 크게 하락했고, 그 하락 폭은 빅테크 중에서도 단연 컸다. 2021년 6월부터 10월까지 빅테크 5개 기업의 주가 추이를 비교해보면 마이크로소프트 31.92%, 구글 21.77%, 애플이 19.54% 상승했고 아마존도 2.95% 상승했지만, 메타만 −1.57%로 하락했다.

비록 관심 없던 기업이지만 과매도 되었다고 판단되면 '이제 과연 더 나올 악재가 있을까?'라는 궁금증이 든다. 주가의 하락이 큰 만큼 새로운 기회의 차원에서 메타의 반전 카드는 없을까 찾아보기 시작했다.

■ ·····애플(AAPL), 아마존(AMZN), 메타(FB), 구글(GOOGL), 마이크로소프트(MSFT)
　　주가 흐름(2021. 6~10)

출처: Yahoo Finance

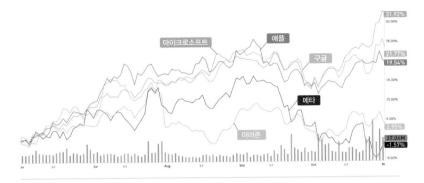

메타버스 기업으로 변신 준비

주가의 변화를 줄 수 있는 트리거는 바로 메타버스에 있었다. CEO
인 마크 저커버그는 2021년 7월 2분기 실적 발표를 통해 회사를 메
타버스 플랫폼 기업으로 전환하겠다는 포부를 밝힌 바 있다.

　그만큼 메타버스에 대한 관심은 남달랐는데, 그 시작점은 VR 기
기에 있었다. 메타는 2014년 인수한 오큘러스Oculus라는 VR 기기 기
업을 통해 하드웨어 시장에 진입하면서 애플과 같은 독자적 생태계
확장을 꿈꾸고 있었다. 기기의 전반적인 사향이 향상되면서 2020
년 10월 출시된 오큘러스 퀘스트2의 판매량이 100만 대가 넘었고,
국내에서도 초판 물량이 매진되는 등 흥행에 성공했다.

　사실 오큘러스는 하드웨어 이상의 중요한 의미가 있었다. VR 기

기를 통해 이용자의 고유 정보를 모을 수 있을 뿐만 아니라 독자적 데이터 수집과 분석을 통해 더욱 개인화된 서비스 제공이 가능하기 때문이다. 이는 애플에게서 데이터 독립을 꿈꿀 수 있는 기회이기도 했다.

그리고 마침 2021년 10월 28일, 페이스북 커넥트Facebook Connect라는 행사가 다가오고 있었다. 오큘러스 신제품 공개뿐만 아니라 메타버스 기업으로서의 방향성을 확인할 수 있는 중요한 이벤트였다.

또한, 행사에 앞서 10월 중순에는 향후 5년간 유럽에서 1만 명의 메타버스 인력을 충원하겠다고 선언하며 관심을 모았다.

따라서 페이스북 커넥트 행사에서 메타버스에 대한 구체적인 방향성과 같은 투자자들을 안심시킬 무언가가 나온다면 주가 반등의 계기가 될 수 있겠다 생각했다. 회사의 절박함이 느껴지는 만큼 '정말 뭐라도 하지 않을까?'라는 생각마저 들 정도로 기업은 중요한 기로에 놓여있었다.

▤ 실적 발표일을 매수 기회로 활용하다

페이스북 커넥트라는 중요한 이벤트를 며칠 앞둔 10월 26일에는 기업의 3분기 실적 발표가 있었다. 실적 발표일에는 주가의 변동성이 커지는 만큼 하락 폭을 확대할 수 있기에 이날을 매수 시점으로 잡았다.

실적 발표 결과 매출액은 추정치 대비 소폭 하회했지만, 여러 논란에도 불구하고 이용자 지표는 꾸준히 상승하고 있었다. 무엇보다 눈에 띈 것은 오큘러스 판매 실적이 포함된 기타 매출 부분이 작년 동기 대비 200% 가까운 성장을 한 것이었다. 메타버스 기업으로 게임체인저가 될 수 있는 기기의 판매 증가는 며칠 뒤 있을 페이스북 커넥트 행사에 대한 기대감을 높이기 충분했다. 또한, 자사주 매입을 발표하며 기업은 할 수 있는 모든 것을 다하고자 최선을 다하는 모습을 보였다.

실적 발표 당일 주가는 −6%까지 하락하며 변동성을 보이기도 했지만 나쁘지 않은 실적 발표를 확인하며, 주식을 매수하기 시작했다. 그리고 드디어 페이스북 커넥트 행사가 열렸다.

행사에서 페이스북은 사명을 메타로 변경했고, 메타버스 관련 차세대 VR, AR, 스마트 워치 등 다양한 하드웨어 개발 계획과 VR 피트니스 앱 개발사 인수 등과 같은 소프트웨어 전략까지 야심차게 발표했다.

페이스북과 인스타그램의 인프라를 바탕으로 오큘러스라는 기계를 결합해 하드웨어와 소프트웨어가 융합된 서비스를 제공한다는 흥미로운 비전을 제시한 것이었다.

그리고 이는 주가의 트리거가 됐고, 행사 당일을 기점으로 주가는 드디어 반등하기 시작해 2021년 11월 매수 보름 만에 매수가 대비 10% 이상 상승했다. 투자 목적이 '낙폭과대인 주식의 이벤트 일정과 실적 발표일의 변동성을 활용한 매매'에 있었기에, 짧은 기간 수익을 확정하며 주식을 전량 매도했다.

실적 발표 후 -8% 급락했던 아마존

비슷한 사례로 아마존이 있다. 아마존 주가는 2021년 7월 30일 2분기 실적 발표 후 하루에 –8%가량 급락했다. 이는 실적 발표에서 주요 국가들의 백신 보급에 따른 야외활동 증가로 소비 패턴이 정상화되면서 다음 분기 온라인 매출성장률을 보수적으로 제시했기 때문이었다.

온라인 매출 성장률과 달리 아마존의 광고와 클라우드 시스템인 AWS 사업 부분은 서프라이즈 실적이 나오고 있었다. 이러한 광고와 클라우드 서비스의 매출 증가는 경기 회복에 따라 기업들이 지출을 시작했음을 의미했다.

매출의 51%를 차지하는 이커머스 부문의 성장 둔화가 예상되더라도 아마존의 새로운 동력인 클라우드 서비스와 광고의 성장성이 더욱 기대된다면 장기적인 관점에서 주가 하락을 매수 기회로 고려해볼 수 있었다. 아마존과 같은 독점력과 확장성을 지닌 빅테크 기업의 주가가 하루에 –8%씩 하락하는 일은 흔하지 않기 때문이다.

빅테크 기업의 유일한 단점은 항상 비싸다는 거다. 늘 매수 대기 자금이 많아 주가가 크게 빠지지 않고, 하락 이후로도 금방 회복해 좀처럼 매수 기회를 잡기 어렵다. 따라서 주가의 변동성이 발생할 때가 가장 좋은 매수 기회인데, 이런 기회는 주로 실적 발표일에 발생한다.

아마존 주가는 한 달간의 조정을 거쳤고, 아마존의 오프라인 매장 침투 본격화 등 긍정적인 뉴스가 나오면서 주가도 하락 폭을 만회하며 2021년 11월에는 전고점을 회복했다.

실적 발표 변동성 매매 전 준비해야 할 것들

실적 발표일 주가의 변동성이 발생했을 때 망설임 없이 매수하기 위해선 관심 있는 기업들에 대해 미리 분석을 해둬야 한다. 실적 발표 당일 어떤 이유로 주가가 빠지는지 이해할 수 있고, 그 이유가 기업에 중장기적으로 영향을 미칠 사항인지 판단할 수 있어야 하기 때문이다.

자신이 분석한 기업이 독점성과 확장성을 겸비하고 있고, 기업의 중요 이슈가 아닌 다른 이유로 실적 발표 당일 시장이 민감하게 반응한다면 이는 할인 기간과 같다. 보통 주가가 오를 땐 못 사서 아쉬워하다가도, 막상 하락하면 무슨 문제가 있나 싶어 매수하지 못하는 경우가 많다. 하지만 기업에 대한 이해가 전제되어 있다면 이러한 변동성은 좋은 기회가 된다.

기업에 대한 분석과 함께 미리 준비해 둘 것은 바로 현금이다. 주가는 장기간 우상향하더라도 직진으로 곧고 가파르게 상승하는 것이 아니라 파도처럼 위아래로 출렁이며 오른다. 주식시장에는 언제든 변동성이라는 것이 발생하고, 갑자기 발생한 기회를 놓치지 않으려면 반드시 현금이 필요하다.

주식은 싸게 매수하면 아무런 문제가 없다고들 한다. 매수 후 발생하는 후회와 불안은 대부분 비싸게 샀기 때문이다. 현금을 보유하고, 변동성이 없는 날은 관심 기업을 공부하며 기다리다 보면 언제든 다시 기회는 찾아온다.

포트폴리오 균형 잡기

투자 초기, 잡화점 포트폴리오

미국 주식을 처음 시작했을 땐 매월 월급이 입금되면 쏜살같이 환전을 하고, 그날로 사고 싶던 주식들을 종류별로 몽땅 매수했다. 매수하고 싶은 주식들은 매번 다양했고, 포트폴리오는 그야말로 잡화점 수준이었다. 오르는 종목이 있으면 그만큼 하락하는 종목들도 많았고, 특정 주식이 크게 상승해도 적은 수량이라 큰 수익은 기대하기 어려웠다.

소유하고 싶다는 욕망만 앞섰기에 애플, 마이크로소프트, 아마존과 구글을 1주씩 매수하는 식이었다. 하지만 이는 종목만 다양했을 뿐 사실 한 분야에 편중된 포트폴리오였다. 차라리 빅테크 주식을 모두 포함하고 있는 QQQ와 같은 나스닥 지수 추종 ETF를 집중 매수하는 것이 더 효율적이었을 것이다. 어떤 종목을 얼마나 보유하고 있는지 모를 수준이 되자 이렇게 해선 절대 돈을 벌 수 없겠다는 생각에 일단 종목 수를 줄이기로 했다.

종목 수를 줄이고, 서로 관련성이 적은 자산으로 분산 투자해 안정적인 수익을 올리려면 포트폴리오를 어떻게 운영해야 하나 고민하던 중 레이 달리오의 사계절(올웨더) 포트폴리오를 접하게 됐다.

극강의 안정성, 사계절 포트폴리오

사계절 포트폴리오는 세계 최대 헤지펀드사 브리지워터 어소시에이츠의 CEO 레이 달리오가 고안한 것으로, 어떤 상황에서도 수익을 내는 것을 목표로 한다. 주식 30%, 중장기채 55%, 원자재 7.5%, 금 7.5%로 구성하는 것을 표준으로 투자자마다 비중과 세부 자산들을 달리 구성할 수 있다. 주식과 원자재가 폭락하면 채권과 금이 올라 손실을 상쇄하는 것처럼 서로 역의 상관관계에 있는 자산으로 포트폴리오를 구성하는 만큼 매우 안정적이라는 특징이 있다.

금융위기가 한창이던 2008년 S&P500지수를 추종하는 ETF인 SPY가 −37%가량 손실을 낸 반면 사계절 포트폴리오는 3%가량의 수익을 올렸다. 주식에만 투자하는 것보다 수익률이 낮을 순 있지만, 변동성을 크게 낮춰 안정적인 수익을 낸다는 전략이다.

이렇게 상호 보완적 자산들로 포트폴리오를 구성하면 안정성과 수익성을 모두 잡을 수 있겠다고 판단했고, 이런 방식을 활용해 포트폴리오를 주식, 채권, 금 총 세 가지로 구성했다. 주식 80%, 금과 채권을 합쳐서 20% 배분했고, 주식은 경기 민감주 절반, 경기 방어주 절반으로 구성했다. 이에 따라 전체 포트폴리오는 IT와 소비재 같은 경기 민감주 40%, 헬스케어, 유틸리티, 필수소비재와 같은 경기 방어주 40%, 장기채권 10%, 금 ETF 10%로 구성됐다.

▤ 변동성은 피하기보다
   활용해야 하는 것

포트폴리오를 변경한 이후 한동안은 마음이 든든했고, 이렇게 꾸준하게 수익을 올리면 되겠다고 생각했다. 하지만 마치 적금을 보유한 것처럼 수익은 더디고 느렸다.

이는 안정성에 치중한 나머지 포트폴리오에 방향성이 없다는 단점 때문이었다. 경기 민감주인 IT와 소비재를 보유하면서도 경기 방어주인 헬스케어, 필수소비재 대표 종목들과 금, 채권까지 고르게 분산투자했기에 포트폴리오는 일종의 중립 포지션이었다. 성장주 혹은 방어주 둘 중 어느 곳에도 집중하지 못한 포트폴리오는 경기 회복기에 경쟁력을 높일 수 없었고, 더 크게 오를 성장주에 집중하지 못한 나머지 높은 수익을 올릴 수 있었던 기회를 놓쳤다.

무엇보다, 주식시장의 변동성은 피해야 하는 것이 아니라 오히려 활용해야 더 큰 성과를 올릴 수 있다는 것을 뒤늦게 깨달았다.

만약 은퇴 이후의 안정적인 노후 생활이 투자의 목적이었다면 수익률은 낮더라도 변동성은 최대한 피하는 포트폴리오를 구성하는 것이 적합하다. 하지만 재테크에 열중하며 돈을 불려야 하는 시기에는 보다 적극적인 투자가 필요했다. 따라서 확장하는 산업 분야의 독점성을 가진 기업을 집중적으로 매수해야겠다고 판단했다.

성장주 위주의 현재 포트폴리오

포트폴리오를 구성하기 위해 독점성과 확장성을 겸비한 주식을 우량주, 고성장주, 중소형주로 구분했다. 우량주는 긴 업력을 바탕으로 오랜 기간 해당 분야를 독점해 배당까지 지급할 수 있는 현금 흐름을 가진 기업으로 포트폴리오의 40%가량을 배분했다.

고성장주는 기업의 적극적인 투자가 필요하기에 배당까지 지급할 여력은 없지만 기업 고유의 기술력을 기반으로 높은 확장성이 기대되는 기업이다. 우량주에 비해 주가의 변동성이 크지만 업력이 쌓이면서 안정적인 현금 흐름이 확보되면 자연스레 배당을 주는 우량주로 성장해나갈 확률이 높은 기업으로 포트폴리오의 40%가량을 배분했다.

　마지막으로 중소형주는 짧은 업력으로 아직 적자 상황이지만 해당 분야의 독보적인 기술이나 콘텐츠를 바탕으로 흑자전환이 예상되는 기업이다. 미래의 테슬라로 기대되는 주식이지만 흑자 전환 등과 같은 가시적 성과를 이루기 전까지는 매우 큰 변동성이 예상된다. 따라서 중소형주는 포트폴리오의 10% 미만으로 구성한다. 이는 해당 종목 투자에 실패하더라도 포트폴리오에 미치는 영향을 10% 미만으로 상쇄하기 위함이다. 그리고 주식 비중 90% 외 항상 현금 비중을 10%로 유지했다.

　우량주, 고성장주, 중소형주로 구분해 포트폴리오를 구성하면서도 각 종목 간 산업 분야는 중복되지 않도록 배분해 쏠림이 발생하지 않도록 했다. 또한, 산업 영역은 앞으로 더 크게 확장될 분야들에 집중했다.

■⋯⋯ **포트폴리오 구성 및 비중**

구분	산업 분야	종목(예)	비중
우량주	플랫폼, 소비재	애플, 마이크로소프트, 나이키	40%
고성장주	반도체, 전기차, 소프트웨어	엔비디아, 테슬라, 어도비	40%
중소형주	빅데이터 분석	팔란티어	10%
현금			10%

　우량주, 고성장주, 중소형주로 포트폴리오를 구성하게 되면서 종목 수가 10개 미만으로 줄어들었고, 그만큼 집중 투자가 가능했다.

종목 수가 많지 않기에 각 종목별 실적 발표일과 주요 일정 등의 관리와 확인이 가능했고, 해당 주요 일정들을 체크하며 변동성을 활용한 매매가 가능해졌다.

포트폴리오 종목 외 추가로 매수하고 싶은 종목이 생겼을 땐 각 비중을 고려해 기존 주식을 매도하고, 해당 비중만큼 새로운 종목을 매수했다. 예를 들어 백신 보급에 따라서 여행, 항공, 숙박 등 리오프닝(경제 재개) 관련 주식을 편입해야겠다고 판단해 보잉 주식을 새롭게 매수해 보고 싶다면, 보잉은 대형 우량주에 해당됨으로 우량주 항목 중 가장 많이 상승한 종목을 매도한다. 그리고 매도한 비중만큼 보잉을 매수해 우량주의 40% 비중을 유지한다. 일종의 포트폴리오 비중에 따른 선수 교체 방식을 적용하는 것이다.

이와 비슷하게 최근 팔란티어가 급격히 상승해 수익 확보차원으로 팔란티어를 절반가량 매도해, 중소형주 비중이 그만큼 감소했다면 그동안 관심 있었던 중소형주 중 한 종목을 골라 매수해 중소형주 비중 10%를 채워두는 방식이다.

▌ 현금도 종목처럼 비중 유지

그동안 가장 지키기 어려웠던 습관이 바로 현금 비중을 유지하는 것이었다. 월급을 받으면 그날로 환전해 주식을 한 주라도 더 매수하기 급급했다. 하지만, 지금은 변동성이 발생하기를 기다리며 현금을 보유하는 여유가 생겼다. 주식은 한정판 리미티드 상품이 아니기에 좋은 주식이면 다들 사고 싶어 안달이 난 시점보다는 무관심할 때 매수해 두는 것이 좋다는 것을 경험으로 깨달았기 때문이다. 기다리다 보면 반드시 기회가 올 것을 알기에 이제는 오히려 현금 비중이 없으면 불안해진다.

관심 있던 종목의 변동성이 발생하면서 이를 매수해 현금 비중이 줄어들었다면 매도할 주식은 없는지, 수익을 실현할 주식은 없는지 파악해 다시 현금 비중을 확보하는 방식을 유지하고 있다.

포트폴리오를 구성해 비중을 유지하며, 현금도 종목처럼 확보하는 습관이 생기면서 주식 또한 아무 때나 매수하지 않게 됐다. 상승 랠리에서 혼자만 소외될지 모른다는 불안감에 휘둘려 급하게 주식을 매수하지 않게 된 것만으로도 포트폴리오 수익률은 크게 달라졌다. 놀랍게도 한두 달에 한 번가량은 변동성이 커지는 시간이 반드시 온다. 그리고 포트폴리오에 현금을 보유하고 있다면 이러한 변동성은 우리의 자산을 늘릴 좋은 기회가 된다.

마치며

투자 고수가 될
당신에게

▤ 주식투자는 미친 짓이다?

1997년 IMF 시절, 아버지 사업에 한순간 위기가 닥치는 것을 경험하며 안전제일주의가 자연스레 체화됐다. 그러니 주식투자로 패가망신 당했다는 이야기들은 '주식=미친 짓'이라는 공식을 심어줬다.

2014년, 근무 시간 중 어머니의 전화를 받았는데 다급한 목소리로 "지금 세미나에서 어떤 회사 CEO가 발표를 하는데, 회사가 정말 좋아 보이니 이 회사 주식을 사라"고 말씀하셨다. 너무 황당해 지금 바쁘니 끊자고 했지만, 어머니는 집요하셨다. 공장이 어디에 있는데 이건 실체가 있고, 앞으로 투자 계획과 회사 전망이 엄청나다는 것이었다.

아니 무슨 약을 파나, 주식투자 그렇게 하시다 큰일 난다며 오히려 화를 내고 전화를 끊었다. 이후에도 어머니께서는 끊임없이 그 회사를 언급하시며, 돈을 줄 테니 그냥 주식을 사달라고까지 하셨다. 성화에 못 이겨 계좌를 만들었고, 잃어도 상관없다는 생각으로 단돈 100만 원을 투자했다.

지금 생각해 보면 당시 어머니께서 어떤 것에 꽂히신 건지 조금이라도 관심을 두고 검증하는 시간을 가졌다면 더 빨리 주식투자를 시작할 수 있지 않았을까 싶다. 매수했다는 사실조차 잊고 지내던 중 뉴스를 보다가 어머니가 말씀하신 그 회사 주식이 엄청나게 올랐다는 것을 알게 됐다.

어머니가 보신 세미나는 서정진 회장의 셀트리온 비전에 관한 강연이었다. 2014년 3만 3천 원에 매수한 셀트리온 주식을 2018년 매수가의 10배 가격으로 매도했고, 정말 100만 원만 넣은 거냐며 나를 보는 어머니의 절망 어린 눈빛을 오랜 기간 견뎌야 했다.

수익을 올리고도 기쁨보단 아쉬움이 컸다. '그때 내가 얼마를 투자했었더라면!'이란 생각이 오랜 기간 머릿속을 맴돌았고, '왜 주식투자는 무조건 미친 짓이라 여겨 새로운 기회를 인지하지 못했을까?' 하는 후회가 들었다.

░ 대출은 위험한 짓이다?

대학생 시절, 힘든 일을 겪으면 얄궂게도 더 한 일이 나를 기다리고 있었다. 아버지의 사고 이후 간신히 마음을 추스른 다음 해엔 집에서 발생한 화재 사고로 몇 달간 잿더미를 치우는 대공사를 치러야 했다.

IMF라는 경제 상황과 20대의 힘들었던 경험들은 각자도생과 유비무환의 철학을 강하게 심어줬다. 그러니 대출이라는 것은 내게 죄악과도 같았다. 무슨 일이 벌어질지 모르는데 돈을 빌린다니, 말도 안 되는 소리였다. 부채가 내 삶을 옥죄어 올 것 같았고, 생각만 해도 숨이 막혔다.

한순간 화재로 다 잃을 수 있으니 물건을 사는 것에 큰 즐거움을 느끼지 못했고, IMF 때처럼 은행이 도산하면 내 돈도 끝이라는 생각에 돈을 모으면 집으로 자산을 바꿔야 한다는 생각이 강했다. 아르바이트를 해서 차곡차곡 모은 돈으로 적금을 시작해 입사 후 월급 대부분을 무조건 모았다. 그렇게 모은 시드 머니를 투자로 끊임없이 불렸고, 꾸역꾸역 돈을 모아 드디어 내 집을 마련했다.

하지만, 대출은 위험하다며 미련하게 모아둔 모든 현금을 내 집 마련에 털어 넣은 터라 집을 산 이후 주식투자를 시작하기 전까지 또다시 극단적인 시드 머니 모으기의 시간이 필요했다. 조금의 여유도 허락하지 않고, 목돈 만들기 전쟁에 재진입하면서 남편은 무척 피곤해했다. 무엇이든 아끼려 발을 동동 구르던 나는 마른 수건을 계속 쥐어짜면 찢어진다는 핀잔을 들어야 했다.

그러던 중 주변 친구들은 다들 대출을 잘 활용하고 있었다. 대출 이자를 감당하지만, 그로 인해 대출 이자 이상의 수익을 발생시켜 자산을 늘리고 있었고, 대출을 부채가 아닌 자산으로 스마트하게 활용하고 있었다.

당시 집을 사는데 목돈을 모두 투여하지 않고, 대출을 통해 약간의 이자를 부담하며 현금을 잘 활용했다면, 코로나19 직후 황금 같은 시기에 주식 매수 효과를 제대로 볼 수 있었다는 생각이 뒤늦게 들었다. 대출은 위험하다는 고지식한 사고에서 벗어나지 못하고, 또 다른 가능성을 열지 못했다는 아쉬움이 컸다.

2~3배 레버리지 투자는 무모한 짓이다?

본격적인 미국 주식투자를 하면서, 나보다 훨씬 먼저 투자를 시작한 훌륭한 이들을 접할 수 있었고, 많은 자극과 도움을 받았다.

그러던 중 레버리지 ETF 투자에 적극적인 투자자들을 보면서 처음엔 많이 놀랐다. 말로만 듣던 그 위험한 레버리지 ETF 투자를 한다고? 나로선 이런 고위험 투자를 왜 하는 것인지 이해가 되지 않았다.

하지만, 코로나 직후 증시 회복에 강하게 베팅한 현명한 투자자들은 언택트 시대 IT 주식 비중이 높은 나스닥 2~3배 레버리지 ETF에 적극적으로 투자했고, 몇 달 되지 않아 그들의 선택이 옳았음을 입증했다.

경직된 사고로 '레버리지=무모함'이라 설정한 후 귀를 막았던 난 또 한 번 좋은 투자 기회를 놓쳤다. 그리고 위험이 크지만, 특정 산업의 전망을 긍정적으로 판단한다면 레버리지 ETF 투자도 적극적인 투자의 한 방법이 될 수 있음을 이해하게 됐다.

▌ 투자는 나를 깨는 과정이다

줄탁동시啐啄同時라는 사자성어가 있다. 줄啐은 달걀이 부화하려 할 때 알 속에서 나는 소리고, 탁啄은 어미 닭이 그 소리를 듣고 껍질을 쪼아 깨뜨리는 것을 의미한다. 어미 닭과 병아리가 안팎에서 서로를 도와야 비로소 부화할 수 있음을 뜻하며, 보통 사제 간의 관계를 설명할 때 쓰는 표현이다.

내겐 이 단어가 자신을 깨기 위해선 스스로 노력해야 하고, 동시에 외부의 자극이 서로 조화를 이뤄야 마침내 목표를 이룰 수 있다는 의미로 읽혔다.

좀 더 빨리 주식투자를 시작했더라면, 부채를 자산으로 잘 활용했더라면, 2~3배 레버리지 투자는 무조건 위험하다 단정 짓지 않았다면 등등 투자를 하면 할수록 그만큼 더 다양한 후회들이 쌓여

갔다. 하지만 그럴 때면 후회할 시간에 뭐라도 하자 생각했다. 변화하는 환경에 좀 더 눈을 뜨고, 새로운 자극을 기회로 잘 활용해야겠다고 다짐했다.

안에서만 열심히 알을 깨면 밖으로 나가는데 엄청난 시간이 걸릴 테고, 반대로 아무리 주변에서 조언을 해줘도 스스로 귀를 닫고 있었다면 알에 갇혀 있다는 것조차 깨닫지 못했을 거다. 그래서 주식투자는 여전히 어렵지만, 앞으로도 꾸준히 지속하며, 사고를 변화시키고, 외부의 좋은 자극을 받아 성장하고 싶다.

마흔 살, 미국 주식에 입문해 생전 처음 해외 주식투자라는 것을 해보았다. 새로운 것을 좋아하고, 모르는 것은 알고 싶어 하는 마음에 수익이라는 강한 보상이 더해지며 미국 주식투자는 목표를 이루기 위한 효율적 수단 그 이상의 의미가 되었다.

투자금이 늘어날수록 관심 분야는 더욱 다양해졌고, 미국 주식투자를 하기 전이라면 굳이 찾아보지 않았을 법한 영역에도 흥미를 느끼게 됐다. 세계 각국에서 벌어지고 있는 변화에 호기심을 갖게 됐고, 경제적 안정과 더불어 사고의 확장을 경험했다. 결국 주식투자를 통해 삶의 질과 정신적 풍요까지 준비할 수 있게 된 셈이다.

평생 투자를 해야 하는 이상 지치지 않고, 지속하기 위해선 투자 자체에 즐거움을 느낄 수 있어야 한다. 투자라는 것은 외롭고 힘든 과정이기 때문이다.

이 책이 투자를 시작하시는 분들, 또는 투자에 지친 모든 분들에게 희망과 위로가 될 수 있길 바란다. 그리고 자신만의 투자 습관을 만들고, 이를 실천해 나가며 투자의 즐거움을 경험할 수 있게 되길 기원한다.

다음 투자 습관은
꼭 기억해 두면 좋겠습니다

1. 구체적인 투자 목표를 설정하는 6가지 습관

대청소를 해야겠다! 생각하면 차일피일 미루기 쉽다. 하지만 일주일 동안 대청소를 끝내겠다는 목표를 세우고 첫날은 거실, 둘째 날은 부엌 순으로 영역을 정한 후 매일 목표한 구역을 치워나가면 일주일 내 청소를 끝낼 수 있다.

투자 또한 마찬가지다. '경제적 자유를 이루고 싶다'는 거대한 포부에서 끝나는 것이 아니라 '경제적 자유를 이루기 위해 나는 5년 투자로 월 500만 원의 현금 흐름을 만들겠다'와 같이 목표를 구체화시켜야 한다. 이러한 목표를 설정하기 위해선 다음과 같은 과정이 필요하다.

첫째, 구체적인 목표를 세운다.

둘째, 5년, 1년, 1개월 등으로 기간을 세분화해 각 기간별 도달해야할 목표를 세분화 한다.

셋째, 각 기간별 목표를 달성하기 위한 가장 효율적인 방법을 모색한다.

넷째, 내가 정한 가장 효율적인 방법을 해야 할 일로 정리해 실천한다.

다섯째, 단기 목표 달성 여부를 평가하고, 해야 할 일을 수정 및 보완한다.

여섯째, 수정 및 보완한 투자 습관을 다시 반복한다.

너무 거창한 목표는 새로운 시작을 어렵게 한다. 나만의 투두리스트to do list를 만들어 '오늘 꼭 ○○은 한다'처럼 작은 목표를 정하고, 이를 성취하는 것부터 시작해야 한다. 작은 성공의 경험들이 모여 더 큰 목표를 이룰 수 있게 한다.

2. 매일매일 투자 공부 습관 만들기

미국 주식투자를 하며 공부 습관, 기록 습관, 그리고 공부 영역을 확장하는 습관을 유지했다.

첫째, 매일, 매주, 매월 지속적으로 반복하는 공부 습관을 들였다. 매일 주요 지표와 관심 업종별 대장주의 주가 흐름을 확인해 시장 전반을 최대한 빠르고 간단하게 파악하고, 매일 경제 방송을 들으며 상식을 넓혔다.

매주 주말이면 산업 리포트를 읽어 산업 동향을 파악했고, 매월 꾸준한 독서로 장기 안목을 키웠다. 또한 매월 말이면 증권사에서 제공하는 월별 주요 일정을 파악해 변동성이 커질 수 있는 날을 미리 파악해 뒀다.

한두 달에 한 번씩은 온라인 활동을 통해 알게 된 투자 동료들과 정기적으로 만나 이야기를 나누며 다양한 견해를 접했다.

둘째, 산업 리포트와 기사들을 참고해 관심 기업 정리 노트를 만들어 기록했고, 매매 전후 매매 일지를 작성했다. 이처럼 꾸준히 기록하는 습관을 통해 관심 종목을 공부하며 나만의 매수, 매도 기준을 정해나갈 수 있었다.

셋째, 미국 주식뿐만 아니라 새로운 파이프라인을 찾아 투자 영역을 확장하는 습관을 길렀다. 부동산, 사업, 나만의 콘텐츠 만들기 등 또 다른 파이프라인을 만들어 나간다면 더 빨리 원하는 목표를 달성할 수 있다.

3. 투자 아이디어를 찾는 습관

투자 아이디어를 찾는 습관으로 생활 속에서 발견하는 미시적 방법과 경기에 따른 유망 업종을 파악하는 거시적 방법이 있다.

먼저, 생활 속 투자 아이디어를 찾는 방법으로 나와 동료들, 우리 회사가 어디에 돈을 많이 쓰고 있는지 파악하며 익숙한 분야에서 투자 대상을 쉽게 발견할 수 있다. 또는 서학 개미 열풍, 반도체 경쟁 등 자주 접하는 뉴스 속 수요가 몰리는 분야에서 본질적인 수익을 창출하는 기업은 어디일지 찾아보는 방법이 있다.

메타버스와 암호화폐 등 새로운 단어가 등장하면 그냥 넘어가지 말고, 무엇을 뜻하는 단어인지 이로 인해 새롭게 파생될 산업은 무엇일지 관심을 가져보자.

경기에 따른 유망 업종을 파악하는 방법은 경기 순환 주기에 따라 글로벌 산업분류 11개 업종 중 업황이 좋을 업종에 미리 투자해두는 방법이다. 회복기 – 호황기 – 수축기 – 불황기의 경기 순환 주기에 따라 어떤 업종의 성과가 높은지 이해하고, 다가올 경기 상황에 더 높은 수익을 올릴 수 있는 업종의 비중을 늘려놓는 전략을 취할 수 있다.

4. 투자 종목을 고르는 3가지 습관

투자 종목 선별 시 반드시 확인하는 세 가지는 돈을 무엇으로 벌고(매출 구성), 지금 돈을 잘 벌고 있는지(독점성), 앞으로도 계속 잘 벌 수 있는지(확장성)이다.

첫째, 매출 구성에서 가장 큰 비중을 차지하고 있는 사업과 매출 중 가장 크게 증가하고 있는 사업을 파악한다. 또한 이러한 매출이 작년 동기 대비 증가하고 있는지 확인하는 것이 필요하다.

둘째, 기업의 독점성은 시장 점유율을 통해 확인할 수 있다. 한 기업의 시장 점유율이 50%로 절대적이거나 1위부터 3위까지 기업의 시장 점유율이 60% 이상이라면 독점성을 가지고 있다고 파악한다. 다만 작년보다 시장 점유율이 줄어들고 있거나 기존에 없던 새로운 기업이 등장해 시장 점유율을 뺏고 있다면 시장의 독점력이 약해지고 있다는 의미가 된다.

셋째, 확장성은 산업 자체가 커지는 것을 의미한다. 이는 내 주변의 변화와 뉴스 속에서 쉽게 파악할 수 있다. 산업 자체의 확장성이 정체된다면 스마트한 기업들은 신규 성장 동력을 확보한다. 매출 중 가장 크게 증가하고 있는 사업이 기업의 신규 성장 동력에 해당한다. 신규 성장 동력을 기업 스스로 개발해 확장할 수도 있지만 독점 기업 특유의 풍부한 현금 흐름을 바탕으로 인수합병을 통해 확장하는 방법도 있다.

이밖에도 배당 증가 여부를 파악해 기업의 안정성을 종목 선별 시 확인 요건으로 추가할 수 있다.

투자 종목을 고르기 어렵다면 ETF로 산업 전반에 투자하는 방법이 있다. ETF 투자 시에는 운용자산규모, 운용보수, 상장일을 확인하는 것이 필요하다.

5. 매매 타이밍을 읽는 4가지 습관

　매수매도 타이밍을 읽기 위해 다음과 같은 네 가지 습관을 활용할 수 있다.

　첫째, 이벤트를 기반으로 매매를 하는 방법이다. 이러한 이벤트에는 예정된 이벤트와 돌발 이벤트가 있다. 예정된 이벤트는 새로운 사업이나 신제품 출시 등과 같이 예정된 일정을 대비해 미리 종목을 매수해 두고 해당 이벤트가 발생하며 주가가 상승하면 매도하는 전략이다.

　반대로 돌발 이벤트는 예상치 못했던 변동성을 활용하는 매매 전략이다. 특히 큰 변동성은 주로 실적 발표일에 발생되기에 어닝위스퍼 홈페이지 등을 통해 기업의 실적 발표일을 미리 파악해 두는 것이 필요하다.

　둘째, 동일 업종 또는 포트폴리오 비중에 따른 선수 교체 매매 방법이 있다. 동일 업종 내 선수 교체 방법은 업종 내 이미 오른 종목은 매도하고, 아직 덜 오른 종목을 매수하는 방법이다. 이는 비슷한 업종 간 주가가 유사하게 흐르는 섹터 동조화 현상을 활용한 방법이며, 업종 내 덜 오늘 종목은 핀비즈 사이트를 활용해 찾아볼 수 있다.

　포트폴리오 비중에 따른 선수교체 방법은 전체 포트폴리오의 업종별 비중을 고려해 각 업종별 많이 오른 종목을 내보내고 덜 오른 종목을 편입해 포트폴리오의 비중을 유지하는 전략이다.

　셋째, 전고점 대비 하락한 비율에 따라 꾸준히 모아가는 방법이 있다. 가장 마음 편한 방법으로 주로 주가 등락이 크지 않는 우량주에 적용하기 용이하다. -10%, -20%, -30% 등으로 전고점 대비 하락한 비율을 설정하고 기계적으로 분할 매수를 하는 방법이다.

넷째, 이왕이면 싸게 사는 팁으로 RSI 보조 지표를 활용하거나 배당률을 이용해 매매 하는 방법이 있다. RSI는 주가의 상승과 하락의 상대적 강도를 0~100까지 숫자로 나타내는 지수로 보통 30 이하면 단기 저점 신호로, 70 이상은 단기 고점으로 파악한다. 다만 이는 보조 지표로 매매 시 참고하는 것이 좋다.

또 다른 방법으로 배당주의 경우 배당률이 5년 평균대비 고점에 도달했을 때 매수하고 저점에 도달했을 때 매도하는 방법이 있다.

다양한 투자 습관을 제시했지만 무엇보다 중요한 것은 이러한 습관을 실제 적용해보며 나만의 방법을 터득하는 것이다.

축구 선수 박지성은 무릎 부상으로 슬럼프를 겪게 됐고, 생전 처음 축구를 하는 게 무서웠다고 했다. 하지만 그는 여기서 멈추지 않고, 슬럼프를 극복하기 위해 기초적인 것부터 다시 시작했다. 공을 받아 옆 선수에게 짧게 패스하는 아주 작은 성취에도 '잘했어! 거봐, 할 수 있잖아'라고 스스로를 칭찬했다. 그러면서 다시 자신감을 회복했고, 슬럼프를 극복하며 위대한 선수로 거듭날 수 있었다.

박지성처럼 뛰어난 선수조차 슬럼프에 빠졌을 때 기초적인 패스부터 다시 꾸준히 반복하기 시작했다. 이는 어떤 상황에서도 기본 습관이 얼마나 중요한지를 잘 보여준다.

투자도 이와 다르지 않다.

매일 할 수 있는 간단한 투자 습관부터 시작해 꾸준히 반복해 나가자. 일상의 작은 성공은 자신감을 생기게 하고, 자존감을 높이며 삶을 변화시킬 것이다.

추천 사이트

1. CNBC(www.cnbc.com), CNBC 앱
: 주요 지표 확인, 매일 각종 지표와 지수를 파악하는 투자 루틴을 만들 때 유용

시장 전체 지표에 해당하는 3대 지수와 금리, 유가, 변동성 지수 등 시장 전반의 흐름을 이해할 수 있는 다양한 지표를 손쉽게 확인하고 관리할 수 있다. 특히 CNBC 앱에서는 경제 관련 속보, 종목별 다양한 뉴스, 실시간 주가를 확인할 수 있다. 또한 자주 확인하는 대표 지수와 주요 종목들을 워치리스트Watchlist로 직접 설정할 수 있다.

2. 어닝위스퍼(earningswhispers.com)
: 실적 발표일 확인, 이벤트를 기반으로 한 매매 타이밍을 잡을 때 유용

각 기업별 실적 발표일을 쉽게 확인할 수 있다. 실적 발표일은 주가의 변동성이 커지는 시기이자 기업들의 주요 일정을 미리 확인할 수 있는 날이므로 중요하게 살펴야 한다.

3. 시킹알파(seekingalpha.com)
: 배당과 투자 정보 확인, 안정성을 기준으로 종목을 고를 때 유용

각 기업별 배당 관련 정보를 확인할 수 있다. 관심 있는 기업의 티커를 검색한 후 배당Dividends 탭을 클릭하면 배당 관련 정보를 볼 수 있는데, 이중 배당 기록Dividend History에서는 그동안의 배당금 내역과 배당 지급일, 그리고 앞으로의 배당 예정일 등을 확인할 수 있다.

4. 알파스트리트(news.alphastreet.com)

: 실적과 매출 구성 확인, 종목 선택 시 매출 구성을 분석할 때 유용

분기별 실적 시즌에 맞춰 기업의 매출 구성과 실적을 확인할 수 있다. 한 눈에 보기 쉽게 그래픽으로 정리해주는 것이 장점이다.

5. 이티에프닷컴(etf.com), 이티에프디비닷컴(etfdb.com)

: ETF 관련 정보 확인, ETF로 산업 전반에 투자할 때 유용

ETF의 운용 자산 규모, 운용 보수, 상장일 등을 쉽게 확인할 수 있다. 이 세 가지는 ETF의 안정성, 유동성, 수익성과 연결되므로 ETF 투자 시 반드시 살펴봐야 할 항목들이다.

6. 핀비즈(finviz.com)

: 업종별 상승률/하락률 높은 기업 확인, 매매 타이밍을 잡을 때 유용

Screener 기능을 활용해 각 업종별 대장주를 찾거나, 특정 업종 중 가장 덜 오른 주식 등을 찾을 수 있다. 원하는 기준에 부합하는 종목을 찾는데 최적화된 사이트다.

추천 도서

- □ 《3개의 질문으로 주식시장을 이기다》, 켄 피셔 저, 비즈니스맵
- □ 《채권쟁이 서준식의 다시 쓰는 주식 투자 교과서》, 서준식 저, 에프엔미디어
- □ 《돈 좀 굴려봅시다》, 홍춘욱 저, 스마트북스
- □ 《모든 주식을 소유하라》, 존 보글 저, 비즈니스맵
- □ 《박 회계사의 완벽한 재무제표 활용법》, 박동흠 저, 더퀘스트
- □ 《마이클 모부신 운과 실력의 성공 방정식》, 마이클 모부신 저, 에프엔미디어
- □ 《워런 버핏 바이블》, 워런 버핏 · 리처드 코너스 저, 에프엔미디어
- □ 《위대한 기업에 투자하라》, 필립 피셔 저, 굿모닝북스
- □ 《전설로 떠나는 월가의 영웅》, 피터 린치 저, 국일증권경제연구소
- □ 《절대로! 배당은 거짓말하지 않는다》, 켈리 라이트 저, 리딩리더
- □ 《제로 투 원》, 피터 틸 저, 한국경제신문
- □ 《주식시장을 이기는 작은 책》, 조엘 그린블라트 저, 알키
- □ 《테슬라 쇼크》, 최원석 저, 더퀘스트
- □ 《투자는 심리게임이다》, 앙드레 코스톨라니 저, 미래의창
- □ 《하워드 막스 투자와 마켓 사이클의 법칙》, 하워드 막스 저, 비즈니스북스
- □ 《현명한 초보 투자자》, 야마구치 요헤이 저, 이콘
- □ 《현명한 투자자》, 벤저민 그레이엄 저, 국일증권경제연구소

(가나다 순)

퇴근 후 30분, 연봉 버는 루틴
미국 주식 투자 습관

초판 1쇄 인쇄 | 2022년 3월 8일
초판 1쇄 발행 | 2022년 3월 15일

지은이 | 화이
펴낸이 | 전준석
펴낸곳 | 시크릿하우스
주소 | 서울특별시 마포구 독막로3길 51, 402호
대표전화 | 02-6339-0117
팩스 | 02-304-9122
이메일 | secret@jstone.biz
블로그 | blog.naver.com/jstone2018
페이스북 | @secrethouse2018
인스타그램 | @secrethouse_book
출판등록 | 2018년 10월 1일 제2019-000001호

ⓒ 화이, 2022

ISBN 979-11-92312-02-6 03320